Nicole Wagner

Höflichkeit
und gutes Benehmen

erlagruhr.de

Bitte beachten Sie:

Bücher mit aufgetrenntem oder beschädigtem Siegel gelten als gebraucht und können nicht mehr zurückgegeben werden.

Servicetelefon: 02 08–495 04 98

Bücher dürfen nur von ihrem Erstbesitzer für den Unterricht kopiert werden. Siehe auch Impressumseite.

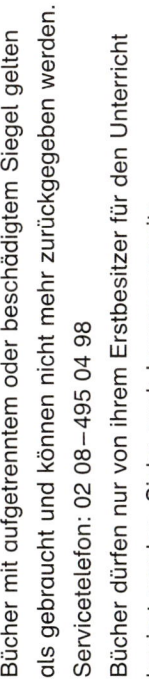

[Respekt, Respekt]

Eine Lern-, Diskussions- und Arbeitsmappe

Verlag an der Ruhr

Impressum

Titel:

Respekt, Respekt!
Höflichkeit und gutes Benehmen
Eine Lern-, Diskussions-
und Arbeitsmappe

Autorin:
Nicole Wagner

Druck:
Druckerei Uwe Nolte, Iserlohn

Verlag an der Ruhr
Postfach 10 22 51
45422 Mülheim an der Ruhr
Alexanderstraße 54
45472 Mülheim an der Ruhr
Tel.: 02 08 - 439 54 50
Fax 02 08 - 439 54 39
E-Mail: info@verlagruhr.de
www.verlagruhr.de

© **Verlag an der Ruhr 2002**
ISBN 3-86072-662-5

Die Schreibweise der Texte folgt
der reformierten Rechtschreibung.

**Ein weiterer
Beitrag zum
Umweltschutz:**

Das Papier, auf das
dieser Titel gedruckt ist, hat
ca. **50% Altpapieranteil,**
der Rest sind **chlorfrei**
gebleichte Primärfasern.

HINWEISE:

*Die in diesem Buch zusammengetrage-
nen Informationen zu kulturellen Bräuchen und Verhaltensregeln sind von der
Autorin und vom Verlag sorgfältig
recherchiert, dennoch kann keine Ga-
rantie für die Inhalte übernommen
werden.*

*Trotz aller Bemühungen konnten nicht
alle Urheber des Bildmaterials ermittelt
werden. Wir bitten gegebenenfalls um
Mitteilung.*

*Aus Gründen der besseren Lesbarkeit
haben wir in diesem Buch – bis auf
wenige Ausnahmen – überwiegend die
männliche Form verwendet. Wir bitten
alle Leserinnen sich jedoch ebenso
angesprochen zu fühlen.*

Inhaltsverzeichnis

Vorwort

Die menschliche Natur ist keineswegs nur sozial ausgeprägt. Vom Selbsterhaltungstrieb bis hin zu Konkurrenzdenken und Machtstreben birgt unser Charakter einiges, was das Zusammenleben stört. Auf der anderen Seite sind Menschen aber Gemeinschaftswesen – und das schon seit Anbeginn ihrer Existenz:

Sie suchen und brauchen die Nähe anderer Menschen. Um die menschlichen Eigenschaften, die die Gemeinschaft stören, bestmöglich zu kontrollieren, hat jede Gesellschaft zu jeder Zeit bestimmte Regeln des Zusammenlebens entwickelt.

Die Notwendigkeit, solche Regeln der jeweiligen Zeit oder regionalen Besonderheiten anzupassen, liegt auf der Hand. Wo es ums bloße Überleben geht, herrschen andere Bedingungen als in unserem von technologischem Fortschritt geprägten Leben, dessen größte Probleme einerseits die Enge des Zusammenlebens und andererseits Entfremdung und Vereinzelung sind.

Je flüchtiger und oberflächlicher aber die Kontakte zu anderen Menschen werden, desto wichtiger werden auf der anderen Seite soziale Kompetenzen, um gewalttätige Auseinandersetzungen, die durch Missverständnisse entstehen, zu vermeiden.

Gerade angesichts der Vielzahl kultureller, ethnischer, beruflicher etc. Gruppen, zwischen denen wir uns täglich bewegen, brauchen wir ein sicheres Geländer, an dem wir uns entlanghangeln können. Solch ein Geländer als gemeinsame Stütze aller Menschen ist die Höflichkeit.

Dass Höflichkeit in unserer Gesellschaft mehr sein kann als schöne Etikette, vermitteln die drei Teile dieser Mappe:

Respekt vor anderen

ist die innere Einstellung, dass jedes menschliche Leben gleich viel wert ist und deshalb Achtung verdient.

Das gute Benehmen

mit all seinen Facetten ist die äußere Form der Höflichkeit. Für sich allein stehend mag es oberflächlich erscheinen, macht unser Zusammenleben aber um einiges angenehmer.

Höflichkeit

ist das Resultat aus beidem: Gutes Benehmen auf der Grundlage gegenseitigen Respekts.

© Verlag an der Ruhr • Postfach 10 22 51 • 45422 Mülheim an der Ruhr • www.verlagruhr.de

Die Jugend hat kein Benehmen

Deutschland im Erziehungsnotstand

„ **Benimm-Noten in der Schule?**

Die Jugend von heute kann sich nicht benehmen

„Benehmen ist Glücksache", „Die Jugend von heute kann sich einfach nicht benehmen" – sind die Standardsprüche vieler Eltern, Großeltern oder Lehrer, wenn das Verhalten der heutigen Jugend hin und wieder nicht so ganz ihren Vorstellungen entspricht. Dass dieser Generationenkonflikt kein ausschließliches Problem der Neuzeit ist, zeigt allerdings das Beispiel einer ägyptischen Steintafel. Schon damals beklagten sich die Mitglieder der älteren Generation über das „schlechte Benehmen" der damaligen Jugend:

"

- ■ Was hältst du von diesen Schlagzeilen?
  Woher könnten sie stammen?

- ■ Hast du selbst solche Äußerungen schon mal gehört?
  Bei welcher Gelegenheit?

- ■ Es scheint, als hätten Erwachsene zu jeder Zeit andere Vorstellungen als Jugendliche vom guten Benehmen gehabt.
  Wie kommt es dazu?

- ■ Bist du schon mal in Sachen Benehmen mit Erwachsenen in Konflikt geraten?
  Konntest du ihre Kritik nachvollziehen?

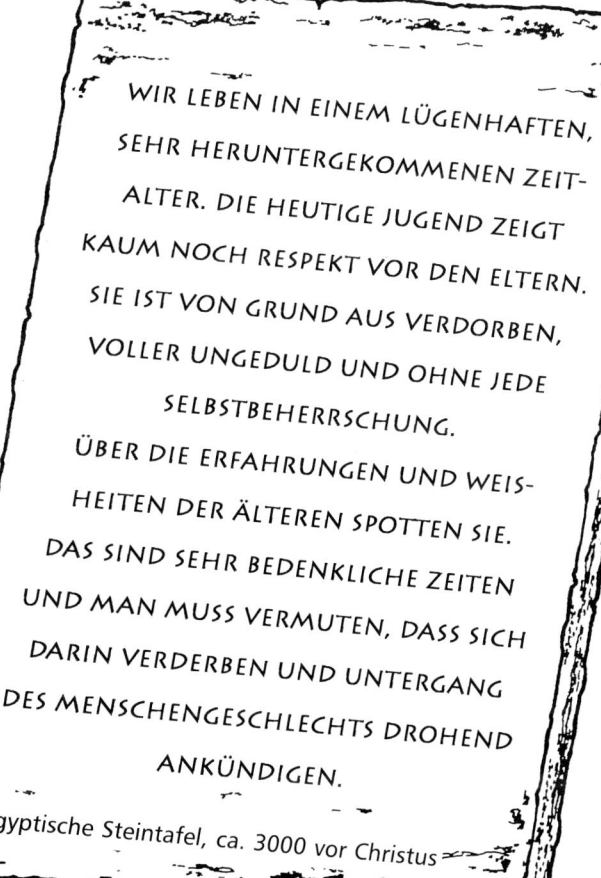

WIR LEBEN IN EINEM LÜGENHAFTEN, SEHR HERUNTERGEKOMMENEN ZEITALTER. DIE HEUTIGE JUGEND ZEIGT KAUM NOCH RESPEKT VOR DEN ELTERN. SIE IST VON GRUND AUS VERDORBEN, VOLLER UNGEDULD UND OHNE JEDE SELBSTBEHERRSCHUNG. ÜBER DIE ERFAHRUNGEN UND WEISHEITEN DER ÄLTEREN SPOTTEN SIE. DAS SIND SEHR BEDENKLICHE ZEITEN UND MAN MUSS VERMUTEN, DASS SICH DARIN VERDERBEN UND UNTERGANG DES MENSCHENGESCHLECHTS DROHEND ANKÜNDIGEN.

Ägyptische Steintafel, ca. 3000 vor Christus

Höflichkeit
und gutes Benehmen   © Verlag an der Ruhr • Postfach 10 22 51 • 45422 Mülheim an der Ruhr • www.verlagruhr.de

Umgangsformen passen sich der Zeit an

Wenn man fremden Menschen zum allerersten Mal begegnet, kann es schon mal vorkommen, dass man nicht auf Anhieb den „richtigen Ton" trifft. Das betrifft nicht nur verschiedene Generationen, sondern auch Menschen gleichen Alters.

Versetze dich in die folgende Situation: Zwei sich völlig fremde Männer etwa gleichen Alters begegnen sich zufällig irgendwo draußen …
  a) in der Steinzeit
  b) im Mittelalter
  c) in der Gegenwart
Sonst ist weit und breit keine Menschenseele zu sehen. Beide haben Durst. Überlege dir, wie eine solche Begegnung ablaufen könnte.
Denke dabei an die Zeit, in der die jeweilige Situation spielt und an die damaligen Rahmenbedingungen.
• Was tun/sagen die beiden Personen? (Denke auch an Gestik/Mimik)
• Was erwarten die beiden vermutlich voneinander?
• Was könnte ihre Erwartungen beeinflussen?
• Wie endet diese Begegnung?
Beschreibe jede Begegnung drehbuchartig. Halte dabei wichtige Details wie Körperhaltung, Gestik, Mimik der beiden Personen schriftlich fest. Du kannst die Situationen auch zeichnen. Spielt anschließend die drei Szenen in einem Rollenspiel nach.

■ *Welche Unterschiede im Ablauf der drei Begegnungen vermutet ihr? Wie kommt ihr auf diese Unterschiede?*

■ *Welche Gemeinsamkeiten könnte es bei diesem Treffen trotz der sehr unterschiedlichen Zeiten geben?*

	Steinzeit		Mittelalter		Gegenwart	
	Person A	Person B	Person A	Person B	Person B	Person A
Gestik						
Mimik						
Körperhaltung						
Sprache						

Übrigens …
Der Maler Paul Klee hat eine solche Begegnung in Form einer Zeichnung umgesetzt. Auf Seite 7 kannst du sehen, wie er sich dieses Treffen Anfang des 20. Jahrhunderts vorgestellt hat. Er hat allerdings den Schauplatz für die Begegnung sehr neutral gewählt und dafür auch keine bestimmte Zeit vor Augen gehabt.

■ *Vergleicht seine Darstellung mit euren eigenen Überlegungen.*

Respekt, Respekt ...

„Respekt, Respekt – vor Leuten, die es schaffen, immer respektvoll zu sein."

Nicht allen gelingt es allerdings diese Grundeinstellung im Alltag umzusetzen, obwohl sie unser Zusammenleben wesentlich erleichtert. Ältere Menschen beklagen sich oft über die Respektlosigkeit der Jugendlichen.

Die wiederum meinen, dass gerade ältere Generationen wenig Respekt vor den Wünschen und Bedürfnissen junger Leute haben und sich überall ungefragt einmischen. – Aber was meinen diejenigen damit, die sich ständig über mangelnden Respekt beklagen?

■ **Erstelle ein Cluster zum Thema Respekt. Stelle darin die verschiedenen Aspekte dieses Begriffes zusammen.**

■ **Stelle eine Definition für „Respekt" auf. Vergleiche sie anschließend mit der Erklärung, die das Lexikon liefert. Kennst du vergleichbare Begriffe, mit denen sich „Respekt" umschreiben lässt?**

Der Künstler **Paul Klee** hat das Thema „Respekt" in Form eines Kunstwerkes umgesetzt. Das Bild ist 1903 entstanden und gehört zu einer Reihe von Zeichnungen, die Klee unter dem Titel „Inventionen" (Erfindungen) veröffentlichte.

(Aus der Reihe: Inventionen, 1903, 5, Radierung, 11,8 x 22,4 cm, München, Städtische Galerie im Lehnbachhaus)

■ **Wie stellt Klee in seiner Zeichnung das Verhältnis der beiden Männer dar? Welches Verständnis von „Respekt" wird darin deutlich?**

■ **Überlege dir einen passenden Titel für Paul Klees Kunstwerk. Vergleiche deinen Titelvorschlag mit dem Originaltitel.**

(Zwei Männer, einander in höherer Stellung vermutend, begegnen sich.)

■ **Schreibe einen Dialog zu dem Bild.**

■ **Was bedeutet „Respekt" für dich? Schreibe drei Beispiele für ein respektvolles Verhalten auf.**

■ **Was ist der Sinn eines respektvollen Umgangs mit anderen? Haben beide Seiten etwas davon?**

■ **Hast du ein Vorbild in Sachen Respekt?**

© Verlag an der Ruhr • Postfach 10 22 51 • 45422 Mülheim an der Ruhr • www.verlagruhr.de

Respekt – Meinungen und Gedanken

Zum Thema Respekt haben sich über Generationen hinweg viele Menschen Gedanken gemacht. Besonders Dichter und Denker verschiedener Epochen haben immer wieder Vergleiche aufgestellt, die die Bedeutung dieser Grundeinstellung verdeutlichen sollten. Unten findest du einige Aussagen berühmter Persönlichkeiten zu diesem Thema.

„Was wäre aus mir geworden, wenn ich nicht immer genötigt gewesen wäre, Respekt vor anderen zu haben."

Johann Wolfgang von Goethe, 1749–1832,
Schriftsteller und Dichter

„Alte Leute haben keinen Respekt anderen gegenüber, sie kennen das Leben."

Johannes Bobrowski, 1917–1965,
Schriftsteller und Dichter

„Die Freundschaft fließt aus vielen Quellen, am reinsten aber aus dem Respekt."

Daniel Defoe, 1660–1731, Schriftsteller

„Wer einen Menschen bessern will, muss ihn erst einmal respektieren."

Romano Guardini, 1885–1968,
Religionsphilosoph und Literaturkritiker

- Werte die verschiedenen Zitate aus: Welche Einstellungen verbergen sich dahinter?

- Vergleiche die Zitate mit deiner Definition von Respekt (s. S. 7). Stimmt deine Auslegung mit diesen Aussagen überein?

- Sammelt weitere Zitate, Sprüche oder Gedichte zum Thema Respekt oder erfindet eigene Weisheiten und stellt daraus ein Plakat zusammen.

„Liebe ist Erkennen, aber eben weil sie Erkennen ist, ist sie auch Respekt vor dem anderen."

Erich Fromm, 1900–1980, Psychoanalytiker

© Verlag an der Ruhr • Postfach 10 22 51 • 45422 Mülheim an der Ruhr • www.verlagruhr.de

„Du willst Respekt? – Ich auch!"

Wie man sich anderen gegenüber verhält, ist zunächst einmal die Privatangelegenheit jedes Einzelnen. Ob man seine Mitmenschen respektiert, sich gleichgültig oder gar respektlos ihnen gegenüber verhält, entscheidet letztlich jeder für sich. Jeder muss aber notfalls auch die Konsequenzen für sein Verhalten tragen. Da sich aber unser Zusammenleben zum größten Teil in der Öffentlichkeit abspielt, trägt jedoch – wenn sich viele rücksichtslos verhalten – die ganze Gesellschaft diese Konsequenzen mit.

Das Bundesinnenministerium und die Deutsche Bahn AG haben im Jahr 2001 mit einer bundesweiten Plakatkampagne für mehr Toleranz und Respekt in der Gesellschaft geworben.

Unter dem Slogan: **„Du willst RESPEKT. Ich auch."** machten Menschen verschiedener Gesellschaftsgruppen auf den Plakaten auf dieses Problem aufmerksam.

Zum Start der Kampagne sagte die Parlamentarische Staatssekretärin im Innenministerium, Dr. Cornelie Sonntag-Wolgast: *„Unsere Gesellschaft braucht gegenseitigen Respekt. Respekt zu verlangen, heißt aber gleichzeitig auch, anderen Respekt zu zollen – und das vor allem auch Menschen gegenüber, die am Rande der Gesellschaft stehen."*

■ *Eine Kampagne, die zu mehr Respekt auffordert. – Was hältst du davon?*

■ *Wer soll sich durch die Kampagne angesprochen fühlen?*

■ *Kann jeder Mensch für sich das Recht in Anspruch nehmen, respektvoll behandelt zu werden? Wer verliert das Recht?*

■ *Welche Einrichtungen und Vereinbarungen gibt es in unserer Gesellschaft sonst noch, die die Rechte und Pflichten der Menschen regeln? Tipp: Schau im Internet unter* **www.bundestag.de/gesetze/gg** *nach.*

© Groothuis & Consorten

Filmtipp

Das Jugendrotkreuz hat im Rahmen seiner Kampagne "Bleib´ COOL ohne Gewalt" einen spannenden Kurzfilm zum Thema Respekt entwickelt.
In dem 13-minütigen Streifen geraten ein paar Jugendliche ständig in Situationen, die voller Gewalt und Aggression sind.

© Verlag an der Ruhr • Postfach 10 22 51 • 45422 Mülheim an der Ruhr • www.verlagruhr.de

„Du willst Respekt? – Ich auch!"

Den Initiatoren der Kampagne für mehr Toleranz und Respekt ging es vor allem darum, zu mehr Achtung den Menschen gegenüber aufzufordern, die „am Rande der Gesellschaft stehen". Diese Menschen haben besonders unter Ablehnung und Ausgrenzung zu leiden, da die meisten nur denen Respekt entgegenbringen, die sie bewundern und schätzen. Leider gehören Menschen, die „irgendwie anders sind" in der Regel nicht dazu.

■ *Führe zunächst ein Brainstorming zum Thema „Mitglieder unserer Gesellschaft" durch. Schreibe alle Gruppen, die dir dazu einfallen, in die Felder.*

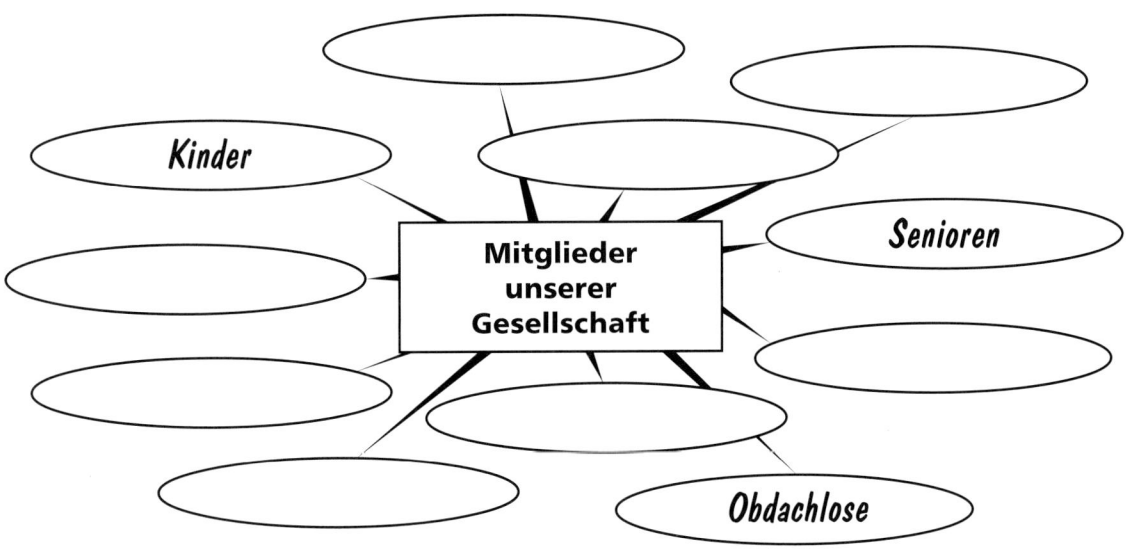

Kinder · **Mitglieder unserer Gesellschaft** · **Senioren** · **Obdachlose**

■ *Kennst du persönlich Menschen aus jeder Personengruppe, die du genannt hast, persönlich?*

■ *Welche dieser Gruppen stehen „am Rande der Gesellschaft"? Warum?*

■ *Wenn viele verschiedene Menschen auf relativ engem Raum miteinander leben und sich täglich begegnen, kommt es oft zu Konflikten. Kannst du Gründe dafür nennen?*

■ *Treten innerhalb einer bestimmten Gruppe weniger Konflikte auf als zwischen verschiedenen Gruppen?*

■ *Überlege, welche Dinge innerhalb ein und derselben Gruppe konfliktmindernd wirken können und welche Konfliktauslöser es trotzdem geben kann.*

Ein klares Statement zum Thema Konflikte gibt die „**hiphop.de-Community**" ab:
„*Meinungsverschiedenheiten gehören zum Leben und zu unseren Diskussionen. Aber Angriffe beleidigender Art, beruhend auf Unterschiede der Rasse, der Nationalitätsangehörigkeit, der ethnischen Herkunft, der Religion, dem Geschlecht, der sexuellen Orientierung, einer Behinderung oder Sonstigem sind nicht erlaubt und führen zur Ächtung durch uns, (…). Wenn wir eine Meinungsverschiedenheit haben, bleiben wir sachlich und glänzen durch unser Wissen und unsere Toleranz.*"

■ *Erkläre, wie dieses Statement gemeint ist. (Mehr zum Thema Hip Hop findest du auf S. 18)*

konfliktmindernde Einflüsse	Konfliktauslöser
• ähnliche Interessen	• unterschiedliche Erwartungen
• …	• …

„Was du nicht willst, das man dir tu ..."

Missverständnisse gehören zu unserem Alltag. Manchmal sorgen sie nur für Gelächter, in anderen Fällen können sie sogar zu echten Konflikten und heftigen Auseinandersetzungen führen. Gut ist, wenn man Missverständnisse aus dem Weg räumen kann. Wenn man andere respektiert und deren Bedürfnisse und Wünsche achtet, kann man jedoch die meisten Fettnäpfchen auch von vornherein umgehen und es gar nicht erst zu Missverständnissen kommen lassen. Wie lassen sie sich umgehen?

- ■ **Bist du schon einmal so richtig ins Fettnäpfchen getreten oder warst selbst Opfer einer unbedachten Äußerung oder Handlung? Erzähle davon.**

- ■ **Welche Ursachen können solche peinlichen/unangenehmen Situationen haben?**

Konflikte im Rollenspiel

Rollenspiele sind eine gute Möglichkeit, das eigene Verhalten mal genau unter die Lupe zu nehmen. Der Vorteil dabei ist, dass die Situationen frei erfunden sind. Deshalb kann jeder seine Rolle so spielen, wie er möchte, ohne anschließende Strafen befürchten zu müssen. Oft ist man dabei von sich selbst und seinem (gespielten) Verhalten überrascht.

Bei den folgenden Rollenspielen wird jeweils eine Situation vorgegeben, in der zwei Personen in einen Konflikt geraten.

So geht's:

Jeder Mitspieler bekommt eine Rollenkarte, auf der seine Rolle festgelegt ist. Vor Spielbeginn lesen sich alle Mitspieler zuerst die Situationsbeschreibungen und danach die persönlichen Rollenkarten durch. Was auf der Rollenkarte des jeweiligen Spielpartners steht, weiß natürlich keiner. Die Spieler müssen daher während des Rollenspiels spontan aufeinander reagieren. Alle anderen, die nicht unmittelbar beteiligt sind, beobachten das Spiel und machen sich Notizen über das Verhalten und die Reaktionen der Spieler. Anschließend bekommen sowohl die Spieler als auch die Zuschauer Beobachtungsbögen, die sie (ganz ehrlich) ausfüllen sollen. In einer abschließenden Diskussion besprechen dann Zuschauer und Mitspieler die dort festgehaltenen Meinungen. Die Ergebnisse eurer Diskussion könnt ihr als Grundlage für eine Wiederholung des Rollenspiels mit anderer Besetzung nutzen. Bestimmt ist es interessant, verschiedene Verläufe der gleichen Ausgangssituation zu vergleichen.

Tipps:

1. Nehmt die Rollenspiele auf eine Ton- oder eine Videokassette auf. So könnt ihr viel konkreter über Einzelheiten reden.
2. Denkt euch weitere Situationen und Rollen aus. Eure Überlegungen zu den Mitgliedern unserer Gesellschaft (S. 10) können als Anregungen dafür dienen.
3. Auch Konflikte aus dem persönlichen Alltag, mit deren Lösungen man nicht zufrieden war, lassen sich gut in Rollenspiele verwandeln. Wenn andere Personen im Rollenspiel ein eigenes Problem nachspielen, entdeckt man oft ganz neue Lösungen.

„Was du nicht willst, das man dir tu …"

Situation Nr. 1

Katrin bekommt zum Geburtstag von ihrer Mutter einen Pullover geschenkt, den sie absolut hässlich findet. Um die Mutter nicht zu enttäuschen, spielt sie Begeisterung vor und bedankt sich überschwänglich. Dabei weiß sie genau, dass sie dieses scheußliche Stück niemals tragen wird. Am nächsten Tag kommt Katrin mittags aus der Schule nach Hause. Ihre Mutter erwartet sie schon und wirkt ziemlich gereizt.

Katrin

Du hast abends, als deine Eltern schon schliefen, den Pullover in die Mülltonne des Nachbarn geworfen. Dort hast du ihn so gut versteckt, dass eigentlich niemand ihn finden konnte.

Deinen Eltern wolltest du irgendwann erzählen, dass du ihn einer Freundin geliehen hast, die ihn leider verloren hat. Das hätte den Ärger gering gehalten. Jetzt kommst du aus der Schule, hast total viele Hausaufgaben auf und bist dementsprechend schlecht gelaunt.

Mutter

Du hast heute Morgen beim Einkauf deinen Nachbarn getroffen. Der hat dir empört erzählt, dass er einen nagelneuen Pullover in seiner Mülltonne gefunden hat, als er darin eigentlich einen verlorenen Kassenbon suchte. Als er das Aussehen des Pullovers beschrieb, wusstest du sofort Bescheid.

So enttäuscht warst du noch nie von deiner Tochter. Es wäre ja gar nicht schlimm gewesen, wenn sie gesagt hätte, dass der Pullover ihr nicht gefällt. Insgeheim hattest du schon damit gerechnet. Aber zuerst angelogen zu werden und jetzt noch die Blamage vor dem Nachbarn – das ist zu viel. Wutentbrannt empfängst du Katrin schon an der Haustür.

„Was du nicht willst, das man dir tu ...“

[Situation Nr. 2]

Martin ist in seine afghanische Mitschülerin Noria verliebt. Er hat sie für Dienstagnachmittag zum Freibad eingeladen und sie hat zugesagt. Seitdem freut Martin sich auf die Verabredung. Doch eine halbe Stunde, bevor er sie abholen will, ruft Noria an und sagt, sie fühle sich nicht wohl und könne nicht mitkommen. Enttäuscht macht Martin sich allein auf den Weg. Später ruft er bei ihr an, um zu fragen, wie es ihr geht. Von der verwunderten Schwester erfährt er, dass Noria einkaufen gegangen ist. Am nächsten Tag in der Schule treffen die beiden sich auf dem Flur.

Martin

Du bist wahnsinnig enttäuscht. Für dich ist die Sache klar: Noria ging es gut, sie hatte bloß keine Lust, mit dir ins Freibad zu gehen. Und das ist ja wohl der Beweis dafür, dass sie sich kein bisschen für dich interessiert. Aber dann soll sie wenigstens so ehrlich sein und dir das sagen. Aber tagelang große Versprechungen zu machen und dann kurz vorher so feige zu lügen, ist wirklich das Letzte. Gut dass du jetzt weißt, wie bescheuert sie ist. Auf so eine kannst du gut und gerne verzichten. Und genau das willst du ihr auch gleich sagen.

Noria

Du bist in Martin verliebt. Seit er dich gefragt hat, ob du mit ins Freibad möchtest, schwebst du auf Wolke Sieben. In dem Moment, in dem er dich eingeladen hat, warst du so glücklich, dass du gar nicht anders konntest als ja zu sagen. Dabei wusstest du genau, dass Freibäder für dich tabu sind. Deine Eltern haben dich muslimisch erzogen und würden dir niemals erlauben, dort hinzugehen. Schon gar nicht mit einem deutschen Jungen, den sie nicht einmal kennen. Aber du hast dich nicht getraut, Martin die Wahrheit zu sagen, weil du Angst hattest, dass er dann sein Interesse verliert. Deshalb hast du diese Notlüge erfunden und bist nachmittags in die Stadt gefahren, um Martin zur Entschuldigung eine CD seiner Lieblingsband zu kaufen. Heute wartest du in der Schule auf ihn, um sie ihm zu schenken.

© Verlag an der Ruhr • Postfach 10 22 51 • 45422 Mülheim an der Ruhr • www.verlagruhr.de

„*Was du nicht willst, das man dir tu …*"

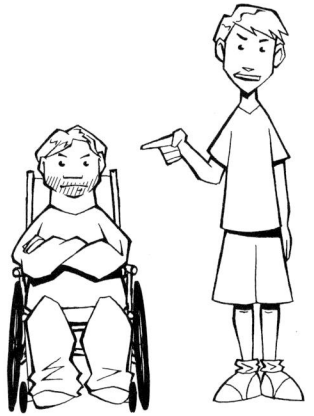

Situation Nr. 3

Tim ist ein wirklich hilfsbereiter Junge. Als er heute zu einem Freund unterwegs ist, beobachtet er, wie ein Mann im Rollstuhl Schwierigkeiten hat, einen erhöhten Bordstein hochzukommen.

Sofort springt Tim auf ihn zu, packt die Griffe des Rollstuhls und will dem Mann helfen. Doch der dreht sich halb zu Tim um und schnauzt ihn an, dass er gefälligst verschwinden soll.

Tim

Rollstuhlfahrer

Du verstehst die Welt nicht mehr. Da wolltest du dem armen Mann behilflich sein und wirst dafür noch blöd von der Seite angemacht. Wozu dann eigentlich die ganze Hilfsbereitschaft? Lohnt sich ja scheinbar doch nicht, sich um seine Mitmenschen zu kümmern. Demnächst wirst du solche Situationen einfach übersehen. Aber jetzt wirst du dem Mann erst mal die Meinung sagen. So redet der nicht mit dir. Was bildet der sich eigentlich ein? Der denkt wohl, dass er sich alles erlauben kann, bloß weil er im Rollstuhl sitzt. Gott sei Dank bist du nicht auf den Mund gefallen.

Dir geht es ziemlich schlecht. Seit einem Autounfall vor ein paar Monaten sitzt du im Rollstuhl. Dein Leben hat sich dadurch total verändert. Du musstest deine geliebte Fußballmannschaft verlassen, in eine ebenerdige Wohnung umziehen und kannst deinen Job nicht mehr ausüben. Aber am meisten ärgert dich, dass du so hilflos bist. Ständig brauchst du die Hilfe deiner Freunde. Dabei erträgst du dieses ewige Mitleid kaum noch. Für dich hat das schon fast etwas Herablassendes. Heute Morgen hast du beschlossen, dass damit jetzt Schluss sein muss. Du willst deine alte Unabhängigkeit zurück, so gut es geht. Und diesen blöden Bordstein wirst du schon hochkommen – andere schaffen das schließlich auch.

Höflichkeit
und gutes Benehmen

© Verlag an der Ruhr • Postfach 10 22 51 • 45422 Mülheim an der Ruhr • www.verlagruhr.de

„Was du nicht willst, das man dir tu ...“

1 Lars lässt sich bei den Hausaufgaben von seinem Freund Andre helfen. Seine Deutschnote steht auf der Kippe, sodass von dieser Hausaufgabe ziemlich viel ahängt. Beide müssen ein Gedicht zu einem bestimmten Thema verfassen. Von Gedichten hat Lars gar keine Ahnung, deshalb schreibt Andre zwei verschiedene Gedichte und gibt sie für beide ab.
Am nächten Tag werden im Unterricht besonders gelungene Beispiele vorgelesen. Lars Gedicht findet die Lehrerin besonders schön. Das von Andre hält sie für nicht so gelungen.

2 Anjas Eltern halten von ihrem neuen Freund Steffen nicht sehr viel. Anja hält ihre Eltern sonst für sehr verständnisvoll und tolerant, deshalb versteht sie nicht, was sie gegen Steffen haben. Sie möchte ihnen etwas Zeit geben und hofft, dass sie ihre Vorurteile allmählich abbauen. Damit sie Steffen nicht begegnen, trifft sie sich mit ihm immer in der Stadt oder an verabredeten Stellen. Steffen wundert sich schon, warum er sie nie zu Hause abholen darf. Anja behauptet, dass sie gerade vor Ort etwas zu tun hatte.

Auswertung

Sprecht über die dargestellten Situationen im Plenum:

- *Wodurch haben sich die Beteiligten in der jeweiligen Spielszene ungerecht behandelt gefühlt?*

- *Wer oder was war der Auslöser? Wie hätte man die Konflikte vermeiden können?*

- *Wie könnte man jede Szene mit wenigen Worten charakterisieren?*

- *Waren die Konflikte zwischen Noria und Martin oder Katrin und ihrer Mutter absehbar oder war es nur dummer Zufall, dass die Heimlichkeiten aufgeflogen sind?*

- *Haben sich die Beteiligten in den Szenen respektvoll oder respektlos verhalten?*

Höflichkeit
und gutes Benehmen   © Verlag an der Ruhr • Postfach 10 22 51 • 45422 Mülheim an der Ruhr • www.verlagruhr.de

Beobachtungsbogen (Zuschauer)

1. Um was für einen Konflikt handelte es sich bei der dargestellten Situation?
(Charakterisiere die Szene mit wenigen Worten)

_____

_____

2. Wodurch wurde er ausgelöst? (Schreibe in Stichpunkten die Gründe auf)

_____

_____

3. Schreibe zu der Szene eine passende Überschrift:

_____

_____

4. Haben beide Spieler ihre Rollen überzeugend gespielt?/
Wurden die verschiedenen Positionen deutlich, die sie vertreten haben?

_____

_____

5. Konntest du beide Positionen nachvollziehen oder standest du auf einer bestimmten Seite?
(Begründe!) Lag das an der Art des Spielens oder an den vorgebrachten Argumenten?

_____

_____

6. Warst du zufrieden damit, wie die Spieler miteinander umgegangen sind?
(Haben sie z.B. sachlich diskutiert oder sich gegenseitig angebrüllt ?/
Sind sie sich ins Wort gefallen oder haben sie sich ausreden lassen? ...)

_____

_____

7. Was hättest du anders/besser gemacht?

_____

_____

8. Wurde das Problem gelöst? Wenn ja: Wie sah die Lösung aus?

_____

_____

9. Warst du mit dem Ausgang zufrieden oder hättest du dir einen anderen gewünscht?
Wenn ja: Welchen?

_____

_____

10. Hätte sich der Konflikt auch vermeiden lassen? Wenn ja: wie?

_____

_____

Anmerkung: Falls der Platz zum Beantworten der Fragen nicht ausreicht, benutze die Rückseite des Blattes.

Höflichkeit
und gutes Benehmen   © Verlag an der Ruhr • Postfach 10 22 51 • 45422 Mülheim an der Ruhr • www.verlagruhr.de

„Was du nicht willst, das man dir tu ... "

Beobachtungsbogen (Mitspieler)

1. *Um was für einen Konflikt handelte es sich bei der dargestellten Situation?*
(Charakterisiere die Szene mit wenigen Worten)

_____

_____

2. *Wodurch wurde er ausgelöst? (Schreibe in Stichpunkten die Gründe auf)*

_____

_____

3. *Schreibe zu der Szene eine passende Überschrift:*

_____

_____

4. *Hast du dich gut in deine Rolle hineinversetzen können?*
(Wenn ja: warum?/Wenn nein: Was hat dich gestört?)

_____

_____

5. *Wie hast du dich deinem Mitspieler gegenüber verhalten?*

_____

_____

6. *Wie hat sich dein Mitspieler dir gegenüber verhalten?*

_____

_____

7. *An welchen Stellen des Spiels hast du dich besonders sicher oder unsicher gefühlt?*

_____

_____

8. *Mit welchem deiner Argumente bist du im Nachhinein besonders zufrieden bzw. unzufrieden?*

_____

_____

9. *Während des Spiels musstest du ja sehr spontan reagieren.*
Wie würdest du dich jetzt verhalten, nachdem du ein bisschen nachdenken konntest?

_____

_____

10. *Welche Argumente deines Mitspielers konntest du gut nachvollziehen*
bzw. überhaupt nicht verstehen?

_____

_____

11. *Warum bist du mit dem Ausgang des Spiels zufrieden oder nicht zufrieden?*

_____

Anmerkung: *Falls der Platz zum Beantworten der Fragen*
nicht ausreicht, benutze die Rückseite des Blattes.

Höflichkeit
und gutes Benehmen

© Verlag an der Ruhr • Postfach 10 22 51 • 45422 Mülheim an der Ruhr • www.verlagruhr.de

Respekt im Hip Hop

Respekt ist „fett"

In der Hip Hop-Szene ist Respekt vor anderen einer der obersten Grundsätze. Die so genannten „Battles", in denen MCs* ihre Wortgefechte vortragen und sich gegenseitig in Grund und Boden rappen, funktionieren nur auf der Basis gegenseitiger Achtung. Den Respekt und die Anerkennung der anderen erwerben sich die MCs durch ihre Leistung, d.h. ihre Texte und das, was sie zum Ausdruck bringen. Respekt ist aber nicht nur eine grundsätzliche Einstellung der MCs, sondern auch ein durchgängiges Motiv in ihren Texten:

* Master of Ceremony

- ■ *Recherchiere im Internet zum Hip Hop und finde heraus, wodurch die MCs den Respekt der anderen verlieren können. – Wer wird „gedisst"?*

- ■ *Warum ist „Respekt" für die Hip Hop-Szene so wichtig?*

- ■ *Kennst du noch andere Lieder, deren Texte von „Respekt" handeln?*

- ■ *Luke & Swift beschreiben in ihrem Song ganz genau, warum man andere respektieren sollte. Erkläre, was die beiden Musiker unter „Respekt" verstehen.*

- ■ *Wähle einen Textausschnitt aus und dichte deinen eigenen Rap drum herum.*

Curse: „Zehn Gebote"
[...] Nummer Acht ist so ähnlich wie sieben, und daher easy: Gib Respekt an die Breaker, die DJs und an Graffiti [...]

Jazzkantine: „Respekt"
[...] oder welchen Weg wählst du für den Respekt? [...]

Luke & Swift: „Bleib Cool"
[...] jeder Mensch hat seine Würde
Und jeder hat das Recht auf Freiheit
Doch wie weit geht Freiheit, wenn ihr 2 seid
Jetzt offenbaren sich die Grenzen
Hey du willst Respekt,
dann gib ihn auch anderen Menschen [...]
(den vollständigen Text findest du unter:
www.epoxweb.de/lyrics/hiphoplyricsblc.htm)

Aretha Franklin: „Respect"
[...] All I'm askin'
Is for a little respect when you come home
(just a little bit)
Hey baby (just a little bit)
when you get home
(just a little bit) mister
(just a little bit) [...]
(Text: Otis Redding; den vollständigen Text findest du im Internet unter: www.poplyrics.net/waiguo/soundtrack/forrestgump/009.htm)

Mit dem Thema **Respekt** haben sich lange Zeit vor Hip Hop auch Künstler anderer Musikrichtungen befasst. Die Soul-Sängerin *Aretha Franklin* wurde beispielsweise 1967 mit ihrem Lied „Respect" berühmt. Dieses Lied war lange Zeit die inoffizielle Hymne der amerikanischen Bürgerrechtsbewegung.

Info:

Was bedeutet „fett" in der Hip Hop-Sprache?
Im englischen Hip Hop ist „fat beat" ein Kompliment für einen besonders gut gelungenen Rhythmus. Die deutschen Hip Hopper haben den Begriff „fat" also einfach übersetzt. Auch sie verwenden ihn als Kompliment.

Höflichkeit *und gutes Benehmen* © Verlag an der Ruhr • Postfach 10 22 51 • 45422 Mülheim an der Ruhr • www.verlagruhr.de

Wie verhalte ich mich?

Ein Fragebogen zur Selbsteinschätzung

Meistens verhält man sich einfach irgendwie, ohne sich ständig zu fragen, ob man sich „richtig" verhält, wen man vielleicht durch sein Verhalten stört oder sogar beleidigt. Deshalb hat man oft eine andere Meinung über sich selbst als seine Mitmenschen sie haben. Der folgende Fragebogen hilft dir, dein eigenes Verhalten besser einzuschätzen. Fülle ihn deshalb ganz ehrlich aus. Du kannst deinen Namen angeben, musst es aber nicht.

Vorname: _____ **Alter:** _____

1. Würdest du deinem besten Freund/deiner besten Freundin helfen, wenn er/sie beschimpft oder angegriffen würde?
   ◯ ja ◯ nein ◯ vielleicht

   Begründung:
   _____
   _____

2. Wie steht es mit anderen Leuten, die du nicht so gut kennst oder vielleicht nicht magst? Würdest du denen helfen?
   ◯ ja ◯ nein ◯ vielleicht

   Begründung:
   _____
   _____

3. Wenn du mit dem Bus oder mit der Bahn fährst, verhältst du dich dann so, dass keine anderen Fahrgäste gestört werden?

   ◯ ja ◯ nein ◯ meistens

   Welche Regeln sind deiner Meinung nach wichtig, wenn du Bus oder Bahn fährst?
   _____
   _____

4. Würdest du jemandem die Tür aufhalten, wenn derjenige gerade keine Hand frei hat?

   ◯ ja ◯ nein ◯ vielleicht

5. Benimmst du dich deinen Lehrern/Lehrerinnen gegenüber immer respektvoll?

   ◯ ja ◯ nein ◯ meistens

Wenn ja, worauf kommt es dabei an?
_____
_____

6. Was stört dich am Verhalten deiner Lehrer dir gegenüber? (außer die Hausaufgaben, das ist ja klar!)
   _____
   _____
   _____

7. Gibt es Personen, gegenüber denen du manchmal bewusst unhöflich bist? Welche sind das und warum?
   _____
   _____

8. Welche Benimm-Regeln fallen dir ganz spontan ein?
   _____
   _____
   _____

9. Was wolltest du schon immer mal an deinem Benehmen ändern?
   _____
   _____
   _____

10. Zum Schluss: Hältst du dich für einen höflichen Menschen? Begründe kurz.
    _____
    _____

Höflichkeit
und gutes Benehmen

© Verlag an der Ruhr • Postfach 10 22 51 • 45422 Mülheim an der Ruhr • www.verlagruhr.de

Wie verhalte ich mich?

Eine mögliche Auswertung

Um ein allgemeines Stimmungsbild zu erhalten, könnt ihr die Häufigkeit bestimmter Antworten auf eine Frage ausrechnen. Dazu müsst ihr zunächst alle Fragebögen nach den verschiedenen Antworten auf eine bestimmte Frage sortieren.

Anschließend zählt ihr diese Antworten und vergleicht die Häufigkeiten miteinander.

Als Beispiel seht ihr hier die Auswertung der ersten beiden Fragen:

Allgemeine Information:

Eine Klasse besteht aus 32 Schülern zwischen 14 und 16 Jahren. 18 der Schüler sind männlich, 14 weiblich. Die erste Frage beantworteten 30 Schüler mit „Ja" (16 Jungen und 14 Mädchen), 2 Schüler (beides Jungen) mit „Nein". Die Antwort „Vielleicht" wurde von keinem angegeben.

Die zweite Frage beantworteten 8 Schüler mit „Ja" (4 Jungen und 4 Mädchen), 16 Schüler mit „Vielleicht" (10 Jungen und 6 Mädchen) und 8 Schüler mit „Nein" (4 Jungen und 4 Mädchen).

Da es bei den Antworten keine auffälligen Unterschiede zwischen Mädchen und Jungen gibt, können wir diesen Aspekt in den folgenden Übersichten einfach ausklammern.

Zwei mögliche Darstellungsformen:

1. Die tabellarische Übersicht

(in Zahlen)

	Ja	Nein	Vielleicht
Antwort Nr. 1	30	2	/
Antwort Nr. 2	8	8	16

(in Prozent)

	Ja	Nein	Vielleicht
Antwort Nr. 1	93,75%	6,25%	0%
Antwort Nr. 2	25%	25%	50%

2. Das Schaubild (genauer: Das Säulendiagramm)

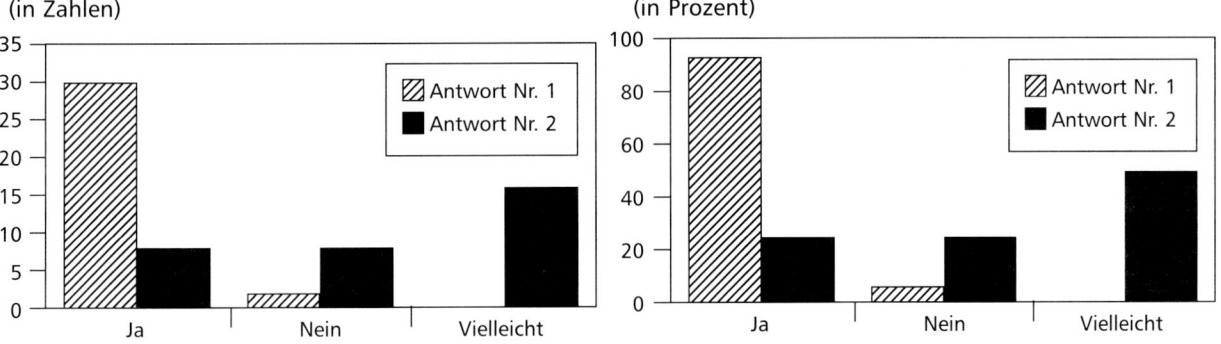

Die beiden Säulendiagramme unterscheiden sich nur in den Zahlen auf der Skala. Im ersten Fall ist die die Zahl 32 Bezugsgröße (d.h. 32 Schüler), im zweiten Fall geht die Skala

bis 100 (=100 Prozent). Da die Verteilung der Antworten auf „Ja", „Nein" und „Vielleicht" gleich bleibt, egal ob in Zahlen oder in Prozenten ausgedrückt, sind auch die Säulen gleich.

■ *Ist euer Benehmen so gut, wie ihr gedacht habt, oder seid ihr von manchen Ergebnissen überrascht? Wo hättet ihr andere Antworten erwartet oder erhofft?*

© Verlag an der Ruhr • Postfach 10 22 51 • 45422 Mülheim an der Ruhr • www.verlagruhr.de

Benimm-Zwickmühlen im Alltag

Oft ist es gar nicht so einfach, sich höflich und respektvoll zu verhalten. Denn in manchen heiklen Situationen ist nicht immer ganz klar, welches Verhalten tatsächlich höflich und angebracht wäre. Auch wenn man andere nicht absichtlich vor den Kopf stoßen will, kann es passieren, dass sie sich trotzdem durch unser Verhalten verletzt fühlen.

■ *Lies dir die folgenden Szenen genau durch und überlege, wie du dich in den jeweiligen Situationen verhalten würdest. Schreibe deine Überlegungen in Stichpunkten auf.*

Situation A

Du verabredest dich mit zwei SchulfreundInnen häufig nachmittags.
Ein(e) KlassenkameradIn, den/die ihr alle nicht besonders mögt, hat schon ein paar Mal erwähnt, dass er/sie gerne mal mitkommen würde. Neulich hat er/sie euch sogar zu sich nach Hause eingeladen.

Das würde ich sagen/tun:

_____

_____

_____

Begründung:

_____

_____

_____

_____

Situation B

Du bist von den Eltern deines Freundes/deiner Freundin zu einem Kennenlern-Essen eingeladen worden. Sie haben sich richtig Mühe gegeben und ein Abendessen mit mehreren Gängen vorbereitet. Als Vorspeise gibt es Fischsuppe. Du findest Fisch absolut eklig.

Das würde ich sagen/tun:

_____

_____

_____

Begründung:

_____

_____

_____

_____

Situation C

Du hast dich mit einem Mädchen verabredet, in das du schon lange verliebt bist. Ihr geht zusammen in die Disco. Beim Tanzen merkst du, wie ein Taschentuch aus ihrem recht tiefen Ausschnitt herausguckt. Offensichtlich wollte sie ihre Körbchengröße manipulieren.

Das würde ich sagen/tun:

_____

_____

_____

Begründung:

_____

_____

_____

Situation D

Du hast deine neue Freundin zum Essen eingeladen. Sie bestellt nach Herzenslust verschiedene Sachen. Du hast eigentlich gedacht, dass es bei einer Pizza bleibt und merkst, dass du gar nicht genug Geld dabei hast.

Das würde ich sagen/tun:

_____

_____

_____

Begründung:

_____

_____

_____

Benimm-Zwickmühlen im Alltag

Situation E

Du hast dich mit deinem Schwarm verabredet. Ihr geht zusammen ins Kino. Nach dem Kinobesuch merkst du, dass er sich in irgendwas reingesetzt hat und einen riesigen Fleck auf seiner Hose hat.

Das würde ich sagen/tun:

_____

_____

_____

Begründung:

_____

_____

_____

Situation F

Du stehst auf einer Party mit einem Freund/einer Freundin zusammen und ziehst über eine Schulfreundin/einen Schulfreund her. Ihr merkt nicht, dass sie/er schon eine ganze Weile hinter euch steht und mithört.

Das würde ich sagen/tun:

_____

_____

Begründung:

_____

_____

_____

Situation G

Du bist bei einem Freund/einer Freundin eingeladen. Als er/sie für kurze Zeit das Zimmer verlässt, schaust du dich kurz um. Dabei fällt dein Blick auf einen offen liegenden Brief. Offensichtlich stammt der von einem Klassenkameraden von euch.

Das würde ich sagen/tun:

_____

_____

_____

Begründung:

_____

_____

_____

Auswertung

■ *Besprecht eure Ergebnisse in der Gruppe. Überlegt gemeinsam, wie die einzelnen Situationen für alle Beteiligten am angenehmsten zu lösen sind.*

■ *Was hätten die Beteiligten tun können, um diese heiklen Situationen zu vermeiden? Besprecht die Szenen gemeinsam und überlegt, ob die Konflikte im Einzelfall vermeidbar waren.*

■ *Habt ihr ähnliche heikle Situationen schon mal selbst erlebt? Wie habt ihr euch dabei verhalten?*

Die gute alte Zeit ?

Diskussionen um „das gute Benehmen" sind kein Phänomen der heutigen Zeit – auch wenn es euch vielleicht manchmal so vorkommen mag. Es hat immer schon Menschen gegeben, die sich Gedanken darüber gemacht haben, was sich gehört und was nicht. Genau wie heute geschah das meistens in Form guter Ratschläge, die besonders an die jüngeren Generationen gerichtet waren. Viele dieser „Benimm-Regeln" finden wir heute nicht mehr zeitgemäß, da sich inzwischen in vielen Bereichen ganz andere Vorstellungen davon, was „anständig" ist, durchgesetzt haben. Andere Benimm-Regeln haben sich allerdings bis heute erhalten. Viele sind uns mittlerweile so in Fleisch und Blut übergegangen, dass in Benimm-Büchern nicht mehr ausdrücklich auf sie hingewiesen wird.

Benimm-Regeln im Wandel

„Beim Essen rülpst man nicht und schneuzt auch nicht in das Tischtuch."

„Schneide und reinige dir die Nägel; der Schmutz ist beim Kratzen gefährlich."

„Was du im Munde gehabt hast, leg nicht aufs Geschirr zurück."

„Sei bei Tisch friedlich, höflich und nicht zu laut."

(mittelalterliche Tischregeln aus: Norbert Elias: Über den Prozeß der Zivilisation. Berlin, 1969)

„Auch seine intimsten Freunde besuche man nicht allzu häufig – willst du gelten, komme selten!"

„Die Dame ist und soll die Pflegerin, Hüterin, Priesterin der guten Sitten sein."

„Ein lauwarmes Bad wöchentlich erfordert die Reinlichkeit, welche der Schönheit des Körpers Dauer geben soll."

„Der Kuß ist nur in intimsten Verhältnissen und auch dann möglichst ohne Zeugen am Platze, wenigstens nicht vor aller Welt."

„Schwer wird dem Weib, auf das letzte Wort zu verzichten, um so größer ihr Verdienst, wenn sie es tut …"

„Das Weib soll auch in seinen Reden alles Rohe, Ordinäre, auch alles Harte, Rauhe vermeiden. Sie soll nicht zänkisch, sondern sanftmütig, freundlich, versöhnlich sein."

„Die allgemeine Küsserei bei gewissen Gelegenheiten macht einen abstoßenden Eindruck!"

„Gegenseitige Höflichkeit muß gewahrt werden, auch wenn man einen Korb erteilt oder empfängt."

„Herrenbesuche bei Damen werden in der Regel nicht durch Gegenbesuche erwidert, auch wenn der Herr kein einzelstehender ist …"

„Nur Menschen, die sich der Gewohnheit und Gesinnung nahe stehen, dürfen zu einer und derselben Geselligkeit vereinigt werden."

(aus: Adelfels: Lexikon der feinen Sitten. Berlin, 1900)

Die gute alte Zeit

„Das Kämmen von Haar oder Bart, das Putzen der Nägel und dergleichen Verrichtungen gehören nicht an öffentliche Orte.“

(aus: Konstanze von Franken: Der gute Ton. Ein Brievier für Takt und Benehmen in allen Lebenslagen. Berlin, 1957)

„Sei als junge Dame nicht zu unternehmend mit einsamen Spaziergängen. Das Lamm, das die Herde verlässt, frisst der Wolf.“

„Setze dich in einem öffentlichen Lokale nicht unaufgefordert ans Klavier.“

„Trage keine ungesicherte Hutnadel und fahre mit deinen Hutfedern deinen Nachbarn nicht über das Gesicht.“

„Wirst du von deinem Begegnenden um Feuer gebeten, so halte das Streichholz nicht direkt vor die Zigarre, sondern etwas darunter, damit der Kopf des Streichholzes der Zigarre keinen Beigeschmack gibt.“

„Hüte dich, daß deine Briefe nicht nach Tabak duften, und der erste Gruß, den die Dame deines Herzens beim Öffnen deines Briefes erhält, Tabaksgeruch sei.“

(aus: Konstanze von Franken: Handbuch des guten Tons und der feinen Sitte. Leipzig, 1957)

„Die Hände dürfen bei dem Halten (der Dame) keinen festen Druck ausüben, am wenigsten da, wo sich die tanzenden Paare näher aneinander zu schließen haben, indem ein engeres Ansichdrücken von großer Unanständigkeit zeugte.“

(aus: Wenzel: Der Mann von Welt. Wien, 1910)

■ *Ordnet die Ratschläge nach Themen. Zu welchen Lebensbereichen wurden diese Benimm-Regeln aufgestellt?*

■ *Recherchiert zu diesen Lebensbereichen und schreibt weitere Benimm-Regeln aus verschiedenen Zeiten auf.*

■ *Manche der Regeln gelten heute nicht mehr. Was hat sich im Laufe der Zeit in unserer Gesellschaft verändert, dass man die Ratschläge von damals als nicht mehr zeitgemäß empfindet?*

■ *Wenn ihr euch die zum Teil fremd wirkende Sprache einmal wegdenkt: Welche der Regeln gelten so ähnlich auch heute noch? Warum haben gerade sie die Jahre überdauert?*

■ *Wie entstehen Benimm-Regeln und wodurch werden sie beeinflusst?*

■ *Welchen Sinn haben Benimm-Regeln? Sucht euch drei bis vier der hier vorgestellten Regeln aus und überlegt, welchen praktischen Zweck sie in der jeweiligen Zeit erfüllten. Schreibt diesen in einem erklärenden Satz jeweils hinter die betreffende Benimm-Regel. (So wie es z.B. in der Regel zum Feuer-Geben der Fall ist)*

Kurios

Eine Kuriosität in Sachen „gutes Benehmen" sind sogenannte Spucknäpfe.
Diese sanitären Einrichtungen wurden früher (bis ins 20. Jh. hinein) überall dort aufgestellt, wo man verhindern wollte, dass Menschen (insbesondere Tabak kauende Männer) auf den Boden spuckten. Spucknäpfe gehörten beispielsweise im 19. Jhd. zum festen Einrichtungsgegenstand der meisten Schulen. Sie wurden von den mit Klassendiensten betrauten Schülern geleert.

Liebe im 19. Jahrhundert

Der folgende Liebesbrief wurde 1843 in einer Zeitschrift mit dem Titel „Neuester Wiener Galanthomme" abgedruckt. Könnt ihr euch vorstellen, dass der Verfasser damit bei der „Dame seines Herzens" Erfolg hatte?

■ **Dieser Brief sagt einiges über den Umgang der Geschlechter aus. Beschreibt das damalige Verhältnis zwischen Männern und Frauen.**

■ **Wirkt dieser Brief glaubhaft oder bediente sich dieser Verehrer einfach nur oberflächlich schöner Worte?**

■ **„Übersetzt" den Brief mit gleichem Inhalt in unsere heutige Sprache. Entspricht diese Version dann euren Erwartungen eines typischen Liebesbriefes oder passt auch der Inhalt nicht in die Gegenwart?**

Mein Fräulein!

Sie werden sich wundern, beste Caroline, von mir einen Brief zu erhalten; allein ich weiß mir nicht anders zu helfen. Die Gefühle, welche mein Inneres bestürmen, drohen mich zu ersticken; ich muß Ihnen einen Ausweg bahnen. Oft, wenn ich so an ihrer Seite saß, da war mein Herz so voll! Ich hätte Ihnen so gerne mein Innerstes aufgeschlossen, wo Sie dann Ihr mir so theures Bild als unumschränkliche Alleinherrscherin erblickt hätten; allein je voller mein Herz war, desto weniger konnte ich es über mich bringen, Ihnen das Geständnis meiner Liebe zu machen. Ja, endlich ist es heraus, das zauberische Wort: die Liebe, ja die Liebe, die Liebe ist's allein! Ja ich liebe Sie, teure Caroline, mit der ganzen Glut eines jugendlichen, unverdorbenen Herzens, mit der ganzen Stärke einer eben erwachenden Leidenschaft. (…)

Haben Sie Mitleid mit mir Armen. Ein einziges Wort von Ihren Rosenlippen kann mich zum Glücklichsten aller Sterblichen machen. O sprechen Sie es aus dieses beseligende Wort! Sagen Sie Teure, ob ich hoffen darf, einst Ihre Gegenliebe zu erreichen. Ihre Antwort bringt mir Leben oder Tod; denn ich fühle es nur zu gut, ohne Sie kann ich nicht leben!

— Ihr ewig unveränderlicher Verehrer N.N.

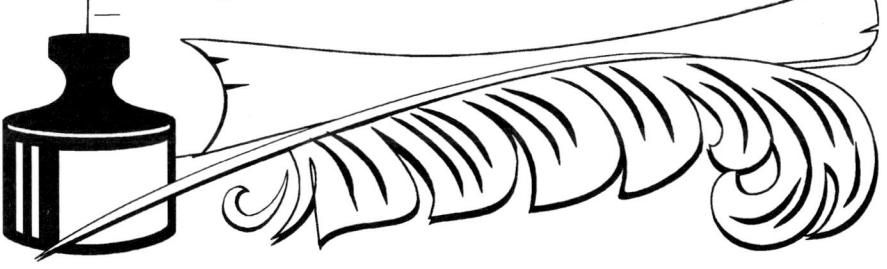

Übrigens, Caroline antwortete auf diesen Brief:

Mein Herr!
„Ihr Schreiben hat mich nicht wenig überrascht; ich muß gestehen, daß ich von Ihnen eine so feurige Erklärung nicht erwartet hätte. Sie waren stets so schweigsam im Umgange, daß ich eine so heftige Leidenschaft, wie Sie dieselbe in Ihrem Schreiben schildern, nicht erwartet hätte. Sollten Sie sich über Ihre Gefühle nicht täuschen? …"

■ **Schreibt Carolines Antwortbrief zu Ende. Wie könnte die Begegnung zwischen den beiden weitergegangen sein?**

© Verlag an der Ruhr • Postfach 10 22 51 • 45422 Mülheim an der Ruhr • www.verlagruhr.de

Die Regeln der Konversation

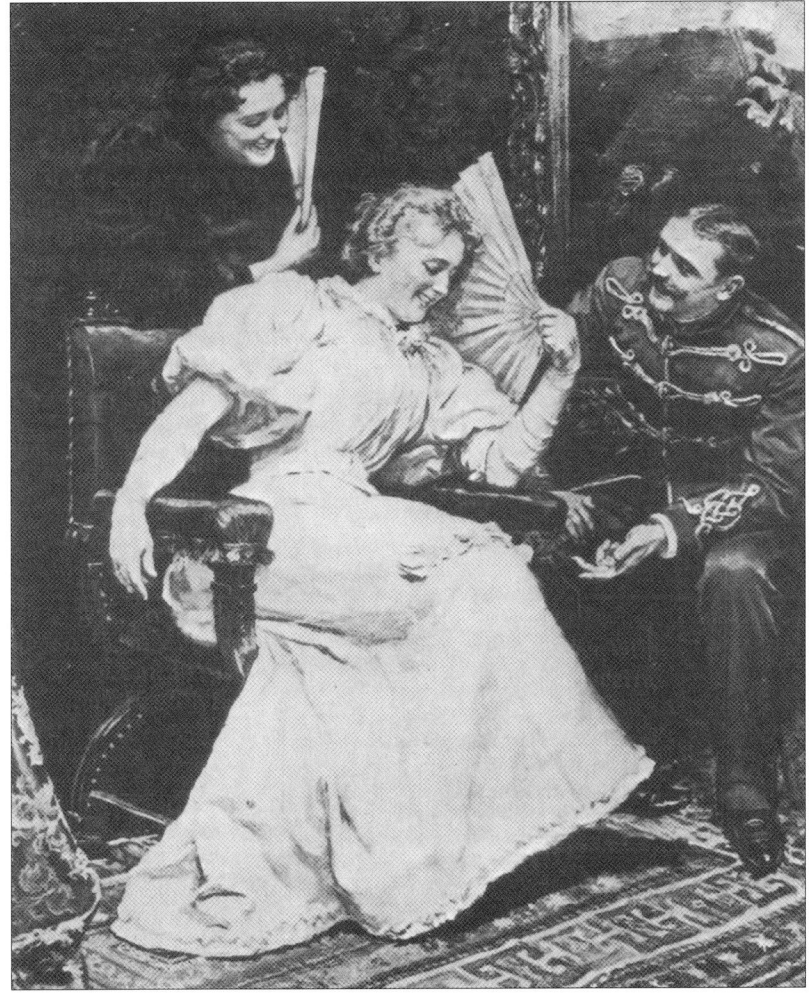

Dieses Bild aus dem Jahre 1890 deutet an, wie Begegnungen zwischen Männern und Frauen um die Jahrhundertwende abliefen. Zumindest in den „besseren Kreisen" gab es strenge Regeln des Anstandes, die unbedingt einzuhalten waren, wenn man seinen guten Ruf nicht verlieren wollte.

■ *Welche Schlussfolgerungen lassen sich aus dem Bild ziehen in Bezug auf*
• *Regeln der Konversation zwischen Männern und Frauen?*
• *die Rolle der Frau in der Gesellschaft?*
• *die Rolle des Mannes?*

■ *Beide Rollen hatten gewisse Vor- und Nachteile. Könnt ihr euch vorstellen, welche das waren?*

■ *Unabhängig davon, ob ihr Mädchen oder Jungen seid – in welcher Rolle wärt ihr früher lieber gewesen?*

■ *Um was könnte es in diesem Gespräch gegangen sein?*

■ *Schreibt ein kurzes Theaterstück, in dem folgende Punkte berücksichtigt werden:*
• *der Zweck des Besuches*
• *das Thema des Gesprächs*
• *Verlauf und Ende des Gesprächs*
Bemüht euch dabei um eine der Zeit entsprechende Wortwahl.

■ *Setzt folgende Begegnungen „zwischen Mann und Frau" anno dazumal in kleinen Spielszenen um.*

Versucht dabei die gesellschaftlichen Regeln und die Reaktionen der Beteiligten in Gestik und Mimik auszudrücken:
• *Eine junge Dame betritt in Begleitung ihrer Mutter ein Café. Ein junger Mann bietet beiden einen Platz an seinem Tisch an.*
• *Ein junger Mann wird bei einem Empfang den Gastgebern vorgestellt. Deren Tochter steht daneben.*
• *Ein Mann verlässt ein Lokal. Zeitgleich betreten zwei junge Damen den Laden. Alle drei begegnen sich am Eingang.*

(Heimliche) Annäherungen

Auch wenn nach außen hin die Etikette gewahrt werden musste, fanden Menschen zu jeder Zeit Mittel und Wege, diese zu umgehen und einander näher zu kommen. Auf den folgenden Seiten findest du Beispiele für derartige „Regelüberschreitungen".

„Die Sprache der Füße", Postkarte aus dem 19. Jahrhundert

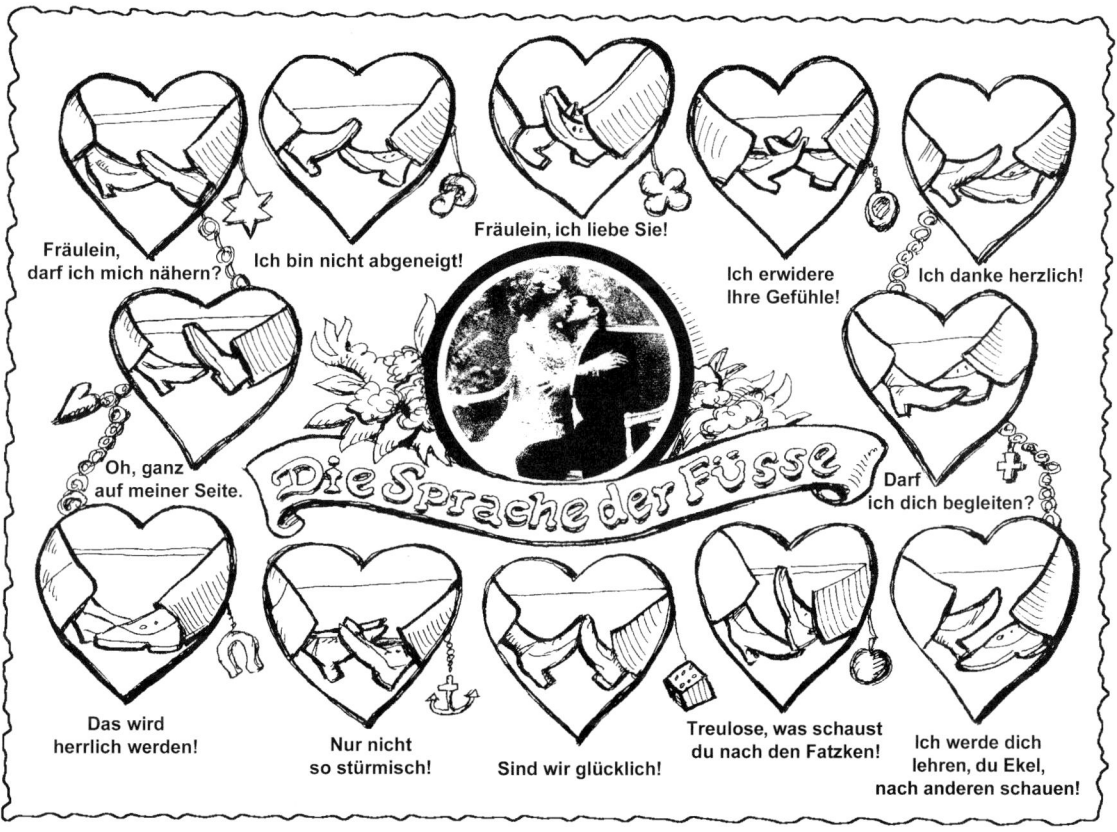

Warum mussten Paare in dieser speziellen Sprache miteinander reden?

- Warum mussten Paare in dieser speziellen Sprache miteinander reden?

- Was sagt diese Art der Kommunikation über das Verhältnis der Geschlechter und die herrschenden Umgangsformen und Moralvorstellungen aus?

- Probiert die „Sprache der Füße" einmal selbst unter dem Tisch aus und testet, ob ihr die Botschaften verstehen könnt.

© Verlag an der Ruhr • Postfach 10 22 51 • 45422 Mülheim an der Ruhr • www.verlagruhr.de

(Heimliche) Annäherungen

Heiratsannoncen setzten sich seit dem Ende des 19. Jahrhunderts immer mehr durch. Damals versuchten heiratswillige Herren aus „Mangel an Gelegenheiten" auf mehr oder weniger originelle Weise eine passende Heiratskandididatin zu finden.

Heiraths-Gesuch

Ein junger Schneider, 25 Jahre, aus der Stadt Bremen, dem es an Damenbekanntschaft fehlt, sucht auf diesem Wege eine junge, häusliche Dame zwecks Heirat.
Der Antragsteller ist von gesundem, kräftigen Körperbau, hat einen soliden Charakter, sowie ein hinreichendes Einkommen und eigene Wohnung.
Hierauf reflectirende Damen, die häusliche Gemüthlichkeit schätzen, wollen bitte ihre Zuschriften unter Chiffre No. A 728 bei der Annoncen-Expedition Kampe in Bremen einreichen. Strengste Discretion wird zugesichert.

Herz
Ich dich such',
So frisch, frei, sonnig,
Mit der goldenen Hülle, die
Nicht überreife Malerin mit Puderquaste und Lippenstift,
Die das Leben zur Neige genossen, sind meiner Seele Gift.
Und kannst mich Jungen groß, schlank, schwarzen Haaren,
Laut amtlichem Geburtsschein neunundzwanzig Jahren,
Wie man allgemein spricht, mit interessantem Gesicht,
Doch dies beurteilen ist deine weibliche Pflicht,
Nebenbei mich schimpf akademisch gebildet auch,
Jetzt als Unternehmer zwischen Autos ich fauch,
Ein wenig lieben mit heißer Liebe Glut,
Und bist du gesund und hast den Mut,
Dich schlagen in der Ehe Bann
An einen treuen Mann,
Sag an,
Dann
Faß dir ein Herz und laß die blöde Etikette
Und schreibe m. Angabe der Verhältnisse u. einem hübschen Bild
Unt. M 2524 an Pressehaus, Düsseld., Königsplatz, u. ich wette,
Daß für Diskretion mein Ehrenwort dir gilt.

Kind,
dich auch find',
häuslich, einfachem Sinn,
vor Alltagssorgen uns behüt'.

Heiratsinserate um die Jahrhundertwende

■ **Lest euch diese Heiratsannoncen durch und versucht, sie zu „deuten":**
• *Wie wirkt diese Annonce auf euch?*
• *Wie stellt ihr euch den Inserenten vor?*
• *Auf welche Weise versucht er, die Damenwelt für sich zu gewinnen?*
• *Hat diese Annonce eurer Meinung nach Erfolg gehabt?*

■ *Heiratsinserate waren im 19. Jahrhundert noch sehr selten. Was waren vermutlich die Gründe dafür?*

■ *Wie ist das heute? Befragt eure Eltern, Großeltern und andere Familienmitglieder, was sie von dieser Art des Kennenlernens halten.*

■ *Analysiert die Kontakt- und Heiratsanzeigen von heute:*
• *Wie sind sie aufgebaut?*
• *Welche Informationen über sich teilen die Inserenten mit?*
• *Welche Wünsche und Erwartungen haben sie?*

© Verlag an der Ruhr • Postfach 10 22 51 • 45422 Mülheim an der Ruhr • www.verlagruhr.de

Der gute alte Knigge

Der Name **Knigge** fällt heute meistens im Zusammenhang mit „gutem Benehmen". Seine Berühmtheit hat **Adolph Freiherr von Knigge** – so lautet sein vollständiger Name – einem Benimm-Buch zu verdanken, das er im 18. Jahrhundert veröffentlicht hat. Knigge wollte mit seiner Veröffentlichung keine starren Umgangsformen oder erzwungenen Anstandsregeln verbreiten, auch wenn ihm das heute oft unterstellt wird. Im Gegenteil: Er versuchte zu zeigen, wie Menschen von Natur aus sind und wie man ihnen deshalb am besten begegnen kann.

Dabei ging es ihm hauptsächlich um zwei Dinge:

1. Knigge wollte die Klassenunterschiede zwischen den Menschen geringer machen, indem er versuchte, den „gewöhnlichen" Menschen höfisches (also adliges) Benehmen beizubringen:

„In keinem Lande in Europa ist es vielleicht so schwer, im Umgang mit Menschen aus allen Klassen, Gegenden und Ständen, allgemeinen Beifall zu ernten; in jedem dieser Kreise wie zu Hause zu sein; ohne Zwang, ohne Falschheit, ohne sich verdächtig zu machen und ohne selbst dabei zu leiden (...); denn nirgends vielleicht herrscht zu gleicher Zeit eine so große Mannigfaltigkeit des Konversationstons, der Erziehungsart, der Religions- und andrer Meinungen, eine so große Verschiedenheit der Gegenstände, welche die Aufmerksamkeit der einzelnen Volksklassen in den einzelnen Provinzen beschäftigen. (...)"

(aus: Adolph Freiherr von Knigge: Über den Umgang mit Menschen. Stuttgart, Reclam, S. 15)

2. Knigge wollte alle Menschen auffordern, nach ihrer persönlichen Freiheit zu streben. Diese persönliche Freiheit für alle konnte es aber nur geben, wenn jeder auch das Recht auf die Freiheit des anderen respektierte. Knigge forderte von den Menschen also genau das Maß an Selbstlosigkeit, das anderen Menschen Freiräume einräumte:

„(...); mögen alle Menschen das am schönsten finden, was sie haben! Doch gestehe ich auch, daß dies oft zu Intoleranz führt; daß die Anhänglichkeit an einheimische Sitten zuweilen ungerecht, ungeschliffen gegen Menschen macht, die sich durch kleine Verschiedenheiten, wäre es auch nur in Anstand, Kleidung, Ton, Mundart oder Gebärden, unschuldigerweise auszeichnen.(...)"

(aus: Adolph Freiherr von Knigge: Über den Umgang mit Menschen. Stuttgart, Reclam, S. 19)

■ **Bildet Gruppen und recherchiert über Knigge, z.B.**
  • über sein Leben.
  • wie er dazu kam, ein Benimm-Buch zu schreiben.
  • wie das Buch zu seiner Zeit bei den Menschen ankam.
  • einige typische Regeln, die Knigge aufgeschrieben hat.
  • etc.

■ **Stellt eure Recherchen in Form von Referaten der ganzen Klasse vor.**

■ **Befragt eure Eltern, Groß-eltern oder Freunde zu Knigge: Was weiß man heute noch über ihn?**

Info:

Als Zeichen dafür, wie wenig Wert er auf seine adlige Herkunft legte und worum es ihm in erster Linie ging, nannte sich Adolph Knigge selbst niemals „Freiherr", sondern stellte sich für gewöhnlich als „freier Herr" vor.

© Verlag an der Ruhr • Postfach 10 22 51 • 45422 Mülheim an der Ruhr • www.verlagruhr.de

Der gute alte Knigge

„Über den Umgang mit Menschen" heißt das Buch, mit dem Knigge berühmt geworden ist. Der Titel sagt eigentlich schon, worum es in diesem Buch geht: Um Verhaltensregeln, die man beachten sollte, um mit sich selbst und allen Menschen im Einklang leben zu können.

■ **Lest die folgenden Auszüge aus diesem Buch:**

„Enthülle nie auf unedle Art die Schwächen deiner Nebenmenschen, um dich zu erheben! Ziehe nicht ihre Fehler und Verirrungen an das Tageslicht, um auf ihre Unkosten zu schimmern!"

„Mache einigen Unterschied in deinem äußern Betragen, gegen die Menschen mit denen du umgehst, in den Zeichen von Achtung, die du ihnen beweisest! Reiche nicht jedem deine rechte Hand dar! Umarme nicht jeden! Drücke nicht jeden auf dein Herz! Was bewahrst du den Bessern und Geliebten auf, und wer wird deinen Freundschaftsbezeugungen trauen, ihnen Wert beilegen, wenn du so verschwenderisch in Austeilung derselben bist?"

„Keine Regel ist so allgemein, keine so heilig zu halten, keine führt so sicher dahin, uns dauerhafte Achtung und Freundschaft zu erwerben, wie die: unverbrüchlich, auch in den geringsten Kleinigkeiten, Wort zu halten, seiner Zusage treu und stets wahrhaftig zu sein in seinen Reden. (...) Es gibt keine Notlügen; noch nie ist eine Unwahrheit gesprochen worden, die nicht früh oder spät nachteilige Folgen für jemand gehabt hätte; der Mann aber, der dafür bekannt ist, strenge Wort zu halten und sich keine Unwahrheiten zu gestatten, gewinnt gewiss Zutraun, guten Ruf und Hochachtung."

„Sei vorsichtig im Tadel und Widerspruche! Es gibt wenig Dinge in der Welt, die nicht zwei Seiten haben. Vorurteile verdunkeln oft die Augen, selbst des klügern Mannes, und es ist sehr schwer, sich gänzlich an eines andern Stelle zu denken."

„Man sei höflich und freundlich gegen solche Leute, denen das Glück nicht gerade eine so reichliche Summe nichtiger zeitlicher Vorteile zugeworfen hat, wie uns, und ehre das wahre Verdienst, den echten Wert des Menschen auch im niedern Stande!"

„Hilf dem, der dessen bedarf! Beförde und schütze die, welche dich um Hülfe, Wohltat und Schutz ansprechen, insofern die Gerechtigkeit es gestattet! Aber hüte dich, so schwach zu sein, dass du durchaus nichts abschlagen könntest!" (...) Schwäche ist nicht Güte, und verweigern, was man vernünftigerweise nicht zugestehn kann, heißt nicht hartherzig sein."

(aus: Freiherr von Knigge, Adolph: Über den Umgang mit Menschen. Reclam, Stuttgart, 1991)

Der gute alte Knigge

Tipp:

Wenn ihr mehr aus diesem Buch lesen wollt, schaut im Internet auf der Seite www.gutenberg.aol.de/ knigge/umgang/umgang. htm nach.

„Original-Knigge" von 1788

Reclam-Ausgabe, 1991

■ „Übersetzt" die Zitate in eure Sprache. Welche Forderungen könnt ihr nachvollziehen, welche haltet ihr heute für nicht mehr aktuell?

■ Im ersten Auszug wählt Knigge ganz bewusst den Ausdruck „Nebenmenschen" statt „Mitmenschen". Was sagt das über seine Beziehung zu anderen Menschen aus?

■ Nähe oder Distanz zu anderen – welche Alternative hält Knigge für die „höflichere"? Gilt das auch heute noch?

■ Knigge hätte sich kaum die Mühe gemacht, seine Forderungen aufzuschreiben, wenn er in der damaligen Gesellschaft nicht genau in den beschriebenen Bereichen Mängel entdeckt hätte. – Haben wir heute noch ähnliche Probleme im Umgang miteinander?

■ Sucht zu jedem dieser Zitate passende Beispiele aus eurem Leben, die zeigen, dass Knigges Forderungen nach einem angemessenen Umgang miteinander immer noch aktuell sind.

■ Vergleicht Knigges Ziele mit unserer Verfassung (s. www.bundestag.de/gesetze/gg/).

■ Untersucht die Begriffe des Grundgesetzes wie z.B. „Würde des Menschen", „Freie Entfaltung der Persönlichkeit", „Religionsfreiheit" etc. und überlegt, ob Knigge diese Forderungen in seinen Regeln berücksichtigt hat.

„Knigge" vor Ort:

■ Achtet doch mal darauf, wenn ihr das nächste Mal in einem Restaurant oder Café seid, wie sich die Menschen dort verhalten. Notiert euch typische Verhaltensweisen, Missgeschicke und „Benimm-Vergehen", die ihr beobachten konntet.

■ Alternativ könnt ihr euch auch eine Talk-Show in der Klasse anschauen und das Verhalten des Moderators/der Moderatorin und der Gäste analysieren.
Achtet auf:
• Begrüßungs-/ Verabschiedungsrituale
• Anredefloskeln
• Körperliche Nähe/Distanz der Menschen zueinander
• Mimik/Gestik
• Verhalten im Gespräch (z.B. ob sich die Menschen ins Wort fallen oder ausreden lassen, sich beim Sprechen anschauen etc.)

■ Wertet eure Untersuchungen aus und stellt fest, in welchen Situationen sich Menschen besonders höflich und respektvoll verhalten und wann es eher zwanglos zugeht.

Jedem sein Knigge

Knigges Benimm-Buch wird heute nicht mehr allzu häufig gelesen, da es sehr umfangreich und nicht ganz leicht zu verstehen ist. Trotzdem haben sich viele der von ihm aufgestellten Regeln – zum Teil in abgewandelter Form – bis heute erhalten. Es sind aber auch sehr viele neue Regeln dazugekommen zu Bereichen, die Knigge nicht angesprochen hat. Damit nicht jeder alle Regeln beherrschen muss, kann sich mittlerweile jeder „seinen" Knigge aussuchen. Denn inzwischen gibt es zu fast jedem Lebensbereich ein spezielles Benimm-Buch: für den Job, die Schule, das Restaurant und, und, und …

■ *Gebt in eine Internet-Suchmaschine eurer Wahl (z.B. Google, Yahoo oder Lycos) einfach den Begriff „Knigge" ein und schaut euch die Suchergebnisse an. Ihr findet dort alle möglichen „Knigges" wie den „Job-Knigge", den „Restaurant-Knigge" usw.*

■ *Erstellt eine Liste mit allen „Knigges", die ihr finden konntet.*

■ *Um welche Themen geht es in diesen Benimm-Kursen? Mit welcher Absicht wurden sie aufgestellt?*

■ *Welche von den Benimm-Regeln, die ihr gefunden habt, waren euch schon vorher bekannt? Habt ihr sie selbst im Alltag befolgt? Folgen diese neuen „Knigges" den Zielen, die Adolph Freiherr von Knigge verfolgte?*

■ *Erstellt gemeinsam einen „Schul-Knigge". Überlegt, welches Verhalten euch an anderen stört und mit welchen Regeln man das Schulleben angenehmer gestalten könnte.*

■ *Diskussion: Bildet Pro- und Kontra-Gruppen zum Thema „Benimm-Regeln" und führt eine Diskussion durch. Notiert euch vorher eure Argumente auf Karteikarten.*

Knigge	Thema/Bereich	Zweck des Benimm-Kurses
„Job-Knigge"		
„Restaurant-Knigge"		
…		

Höflichkeit
und gutes Benehmen

Woher stammen unsere Sitten und Bräuche?

1. Der Mann geht immer links von der Frau.

2. Wenn man miteinander redet, schaut man sich in die Augen.

3. Zur Begrüßung schüttelt man sich die Hände.

4. Manchmal umarmt man sich auch zur Begrüßung.

5. Der Mann geht vor der Frau die Treppe hinunter.

6. Wenn man gemeinsam etwas trinkt, stößt man die Gläser zusammen.

Habt ihr euch schon mal gefragt, warum wir uns zur Begrüßung die Hände schütteln oder vor dem Trinken mit den Gläsern anstoßen? Auch wenn wir viele Umgangsformen heute ganz selbstverständlich anwenden und nicht mehr über ihre Bedeutung nachdenken, haben alle ihren Ursprung und auch ihren handfesten Sinn! Die Herkunft einiger Sitten und Bräuche kann man sogar bis ins Mittelalter zurückverfolgen. Damals waren sie noch keine ritualisierten Zeichen guter Umgangsformen, sondern hatten ganz praktische Hintergründe.

■ **Nebenstehend findet ihr eine kleine Auswahl solcher aus dem Mittelalter überlieferten Sitten. Überlegt, aus welchen Gründen sie wohl damals entstanden sind. Die folgenden Tipps können euch dabei weiterhelfen:**
lange Gewänder – anlügen – Schwertscheide – versteckte Waffen – Messer – Gift

■ **Spielt diese Verhaltensregeln mit den entsprechenden Requisiten in kleinen Szenen nach und überprüft, ob ihre ursprünglichen Bedeutungen tatsächlich nachvollziehbar sind.**

Lösungen:

1. Der Mann ging immer links von der Frau, weil er seine Schwertscheide auf der linken Seite trug, um das Schwert mit der rechten Hand ziehen zu können.

2. Beim Reden schaute man sich in die Augen um erkennen zu können, ob der andere log.

3. Wenn man sich zur Begrüßung die Hände schüttelte, wollte man herausfinden, ob der andere ein Messer darin verborgen hatte.

4. Man umarmte sich zur Begrüßung, um den anderen nach verborgenen Waffen abzutasten.

5. Frauen waren durch ihre langen Gewänder auf Treppen besonders sturzgefährdet. Liefen die Männer voraus, konnten sie die Frauen im Notfall abfangen.

6. Die Gläser (oder früher Pokale) stieß man so heftig aneinander, dass die Getränke ins andere Gefäß überschwappten. So ging man sicher, dass der Andere kein Gift hineingemischt hatte.

Woher stammen unsere Sitten und Bräuche?

- ■ *Sammelt Beispiele für überlieferte und heute noch gültige Sitten, Gesten und Bräuche.*
- ■ *Erklärt, was sie bedeuten und findet heraus, welchen Ursprung sie haben.*
- ■ *Stellt eure Erklärungen und Recherchen in einer Tabelle zusammen.*

Brauch	Bedeutung heute	Ursprüngliche Bedeutung
Umarmung bei der Begrüßung	Zeichen der Freude beim Wiedersehen	Abtasten nach Waffen
Der Mann geht immer links von der Frau		
Hände schütteln		
Der Mann geht vor der Frau die Treppe hinunter		
Wenn man miteinander redet, schaut man sich in die Augen.		

- ■ *Wie haben sich die Bedeutungen dieser Sitten im Laufe der Zeit verändert? Woran liegt das?*

Verschiedene Generationen – gleiches Benehmen?

Jede Generation hat ihre eigenen Vorstellungen vom guten Benehmen entwickelt und dazu spezielle Regeln aufgestellt oder bestehende abgewandelt. Diese Regeln beziehen sich alle auf Alltagssituationen, die es auch heute noch gibt.

■ *Schreibe in Form eines Clusters auf, zu welchen Bereichen und Alltagssituationen es heute Benimm-Regeln gibt.*

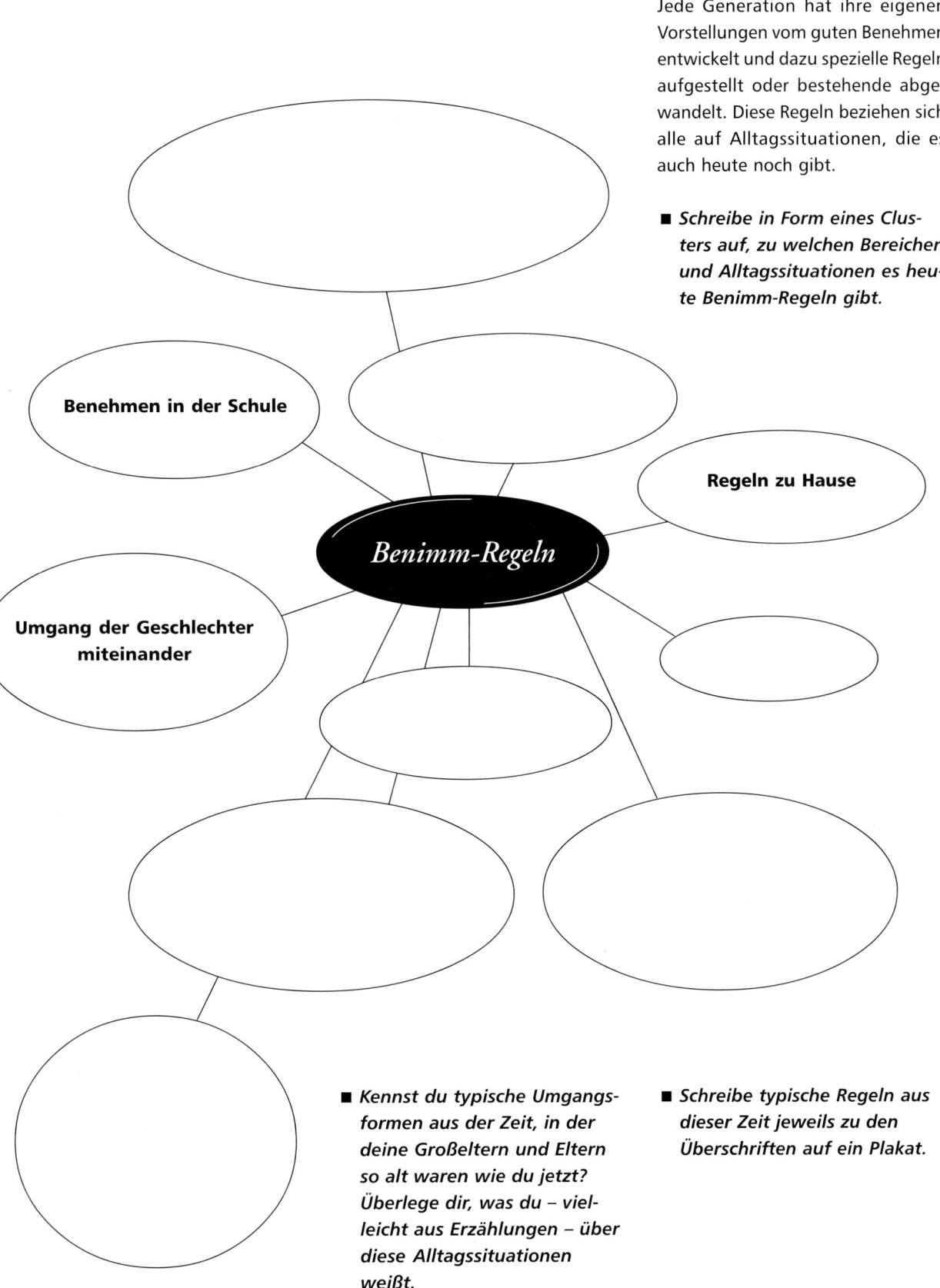

Benehmen in der Schule

Regeln zu Hause

Benimm-Regeln

Umgang der Geschlechter miteinander

■ *Kennst du typische Umgangsformen aus der Zeit, in der deine Großeltern und Eltern so alt waren wie du jetzt? Überlege dir, was du – vielleicht aus Erzählungen – über diese Alltagssituationen weißt.*

■ *Schreibe typische Regeln aus dieser Zeit jeweils zu den Überschriften auf ein Plakat.*

Verschiedene Generationen – gleiches Benehmen?

Ein Interview

Wer könnte euch besser über typische Umgangsformen in früheren Zeiten erzählen als Menschen, die in jenen Zeiten groß geworden sind. Ladet doch ein paar eurer Eltern, Großeltern oder Urgroßeltern zu einem „gemütlichen Plausch" ein. Bestimmt freuen sie sich über euer Interesse. Und ihr versteht hinterher vielleicht besser, warum sie sich manchmal über euer Benehmen aufregen.

> **Info:**
>
> Diese Methode nennt man „Oral history". Sie ist vor allem für Historiker interessant und wichtig. Um bestimmte Informationen möglichst unverfälscht und aus erster Hand zu erhalten, befragt man Zeitzeugen.
> Dies kann in Form eines Interviews geschehen, wenn man Antworten auf gezielte Fragen bekommen möchte, oder als freie, spontane Erzählung.
> Im zweiten Fall plaudern die Befragten meist gerne über spannende Begebenheiten und lustige Anekdoten. Beide Methoden haben also ihre besonderen Vorteile.

Bereitet die Gesprächsrunde sorgfältig vor:

1. *Überlegt zunächst, was ihr erfahren wollt. Formuliert schriftlich konkrete Fragen, die ihr euren Gästen stellen könnt und bringt diese Fragen in eine sinnvolle Reihenfolge.*

2. *Fragt eure Gäste auch nach dem Sinn, den die verschiedenen Regeln in ihrer Jugend hatten.*

3. *Organisiert ein Aufnahmegerät (Kassettenrecorder, Videokamera etc.), mit dem ihr das Gespräch festhalten könnt. Alternativ könnt ihr jemanden bestimmen, der die wichtigsten Punkte des Gesprächs mitschreibt.*

4. *Legt vorher Gesprächsregeln fest (z.B. wer stellt wann welche Fragen, sind Zwischenfragen erlaubt, gibt es einen Gesprächsführer etc.). So vermeidet ihr unnötiges Chaos.*

5. *Überlegt auch, wie ihr die Gesprächsrunde nett gestalten könnt, damit sich eure Gäste bei euch wohl fühlen.*

6. *Formuliert ein offizielles Einladungsschreiben (das ihr wahlweise verschickt oder persönlich überbringt). Dadurch wirkt eure Einladung professioneller und findet mehr Beachtung.*

© Verlag an der Ruhr • Postfach 10 22 51 • 45422 Mülheim an der Ruhr • www.verlagruhr.de

Verschiedene Generationen – gleiches Benehmen?

Die Auswertung

Wenn ihr das Gespräch festgehalten habt, schaut oder hört euch eure Aufzeichnungen noch einmal genau an. Erstellt dann eine Tabelle mit den für euch wichtigsten oder überraschendsten Informationen.

	Das wusste ich schon	Das war mir neu
Regeln zu Hause		
Tischsitten		
Die erste Liebe		

- *Wo gibt es Parallelen zu eurem Leben wo fallen euch Unterschiede auf?*

- *Wenn ihr wählen könntet: Für welche Zeit würdet ihr euch entscheiden?*

- *Gab es früher Dinge (Regeln, Sitten, Gewohnheiten), die ihr heute überhaupt nicht nachvollziehen könnt? Welche sind das?*

- *Hat das Gespräch euch geholfen, einige Klagen anderer Generationen über euer Benehmen besser zu verstehen?*

- *Glaubt ihr umgekehrt, dass eure Eltern und Großeltern euch in einigen Punkten jetzt besser verstehen können?*

Die Erfahrung in Lebensweisheiten

Wie zu beinahe jedem Thema gibt es auch zum „guten Benehmen zu Hause" zahlreiche Weisheiten und Sprichwörter. Einige davon sind hier zusammengestellt.

„Der Ton macht die Musik!"

„In der Familie liegt die Wurzel jeden guten Benehmens!"

„Jugend und Zucht bringt im Alter reiche Frucht!"

„Jugend ist eine Torheit, deren Heilung das Alter ist!"

„Eltern, die verzärteln die Jugend, gewöhnen sie nicht zur Tugend!"

„Gegessen wird, was auf den Tisch kommt!"

„Jugend hat keine Tugend!"

„Was Hänschen nicht lernt, lernt Hans nimmermehr!"

„Nach dem Klo und vor dem Essen, Händewaschen nicht vergessen!"

„Kinder sehen mehr darauf, was die Eltern tun, als was sie sagen!"

(mehr solcher Sprüche findest du im Internet unter www.mamas-klassiker.de)

■ *Welche Funktion haben solche Sprüche? Warum benutzen Eltern (und auch Lehrer) sie, statt in eigenen Worten mitzuteilen, was ihnen wichtig ist?*

■ *Beschreibe die Aussage der einzelnen Sprüche mit deinen eigenen Worten. Welche Botschaft steckt jeweils dahinter?*

■ *Wähle drei Sprüche aus und überlege dir zu jedem eine Situation, zu der dieser Spruch als Reaktion passen würde.*

■ *Mit welchem Spruch kannst du dich am ehesten anfreunden? Welche(n) findest du unsinnig?*

■ *Setzt euch mit mehreren zusammen und verfasst „Gegensprüche" mit Inhalten, die euch wichtig erscheinen.*

© Verlag an der Ruhr • Postfach 10 22 51 • 45422 Mülheim an der Ruhr • www.verlagruhr.de

Das Benehmen zu Hause

„Benimm dich zu Hause, als seiest du im feinsten Hause, dann bist du im feinsten Hause – zu Hause."*

Zur Entwarnung: Hier soll es auf keinen Fall darum gehen, Vorschriften aufzustellen, wie man sich seinen Eltern gegenüber zu benehmen hat. Denn: Benehmen zu Hause ist niemals eine einseitige Sache. Kinder und Jugendliche haben die gleiche Verantwortung, sich ihren Eltern gegenüber gut zu benehmen wie umgekehrt die Eltern diese Verantwortung gegenüber ihren Kindern haben. Damit ist nicht gemeint, dass es zu Hause keine Meinungsverschiedenheiten geben darf, sondern wie und mit welchen Konsequenzen diese ausgetragen werden. Worauf es dabei ankommt, ist sich gegenseitig Achtung entgegenzubringen und einander zu respektieren.

■ *Fertige zwei Listen an:*

1. Schreibe in die erste Liste, welches Verhalten deine Eltern von dir erwarten. Kreuze jeweils (ganz ehrlich) an, ob du diese Erwartungen gewöhnlich erfüllst oder nicht.

2. In die zweite Liste schreibst du, welches Verhalten du von deinen Eltern erwartest und kreuzt an, ob sie deinen Erwartungen entsprechen.

* *(aus: Graudenz, Karlheinz/Pappritz, Erica: Etikette neu. Südwest Verlag, München, 1969)*

Das erwarten meine Eltern von mir	Erfülle ich	Erfülle ich nicht
_____	✔ ☐	✗ ☐
_____	✔ ☐	✗ ☐
_____	✔ ☐	✗ ☐
_____	✔ ☐	✗ ☐
_____	✔ ☐	✗ ☐
_____	✔ ☐	✗ ☐
_____	✔ ☐	✗ ☐
_____	✔ ☐	✗ ☐

© Verlag an der Ruhr • Postfach 10 22 51 • 45422 Mülheim an der Ruhr • www.verlagruhr.de

Das erwarte ich von meinen Eltern	Erfüllen sie	Erfüllen sie nicht
_____	✔ ❑	✘ ❑
_____	✔ ❑	✘ ❑
_____	✔ ❑	✘ ❑
_____	✔ ❑	✘ ❑
_____	✔ ❑	✘ ❑
_____	✔ ❑	✘ ❑
_____	✔ ❑	✘ ❑
_____	✔ ❑	✘ ❑

- *Warum erwarten deine Eltern dieses Verhalten von dir? Findest du Parallelen zu den Erwartungen, die du an deine Eltern stellst?*

- *Welche Gründe könnten deine Eltern haben, manche deiner Erwartungen nicht zu erfüllen?*

- *Entscheide ganz spontan: Hast du zu Hause mehr Rechte oder mehr Pflichten? Erstelle dann eine Liste mit allem, was du zu Hause darfst und allem, was von dir erwartet wird. Hast du das Verhältnis zwischen Rechten und Pflichten vorher richtig eingeschätzt?*

- *Durch unerfüllte Erwartungen entstehen Konflikte. Lies dir die beiden Listen noch einmal genau durch. Wie könnte man diese Konflikte lösen oder sogar vermeiden?*

- *Wertet eure Erwartungen und die eurer Eltern in Gruppen aus und stellt daraus zwei neue Listen zusammen: „Das ideale Kind" und „Die idealen Eltern".*

- *Befragt eure Eltern, ob sie mit euren Ideen übereinstimmen.*

© Verlag an der Ruhr • Postfach 10 22 51 • 45422 Mülheim an der Ruhr • www.verlagruhr.de

Aus Mutters Sprüchekiste

Es gibt ein bestimmtes Repertoire an Sprüchen, die Mütter, Väter oder andere Vertreter älterer Generationen gerne verwenden, um bestimmten Forderungen besonderen Nachdruck zu verleihen. Den einen oder anderen dieser Sprüche habt ihr bestimmt schon mal gehört:

„Wer einmal lügt, dem glaubt man nicht, und wenn er auch die Wahrheit spricht!"

„Wenn dein Kopf nicht angewachsen wäre, würde es dir in den Hals regnen!"

„Was du heute kannst besorgen, das verschiebe nicht auf morgen!"

„Gegessen wird, was auf den Tisch kommt!"

„Wer nicht hören will, muss fühlen!"

„Der Apfel fällt nicht weit vom Stamm!"

„Ordnung ist das halbe Leben - und du lebst in der anderen Hälfte!"

„Der Ton macht die Musik!"

„Wenn andere von der Brücke springen, springst du dann hinterher?"

„Wenn zwei das gleiche tun, ist es noch lange nicht das gleiche!"

(mehr solcher Sprüche findest du im Internet unter www.mamas-klassiker.de)

- Suche nach weiteren Sprüchen dieser Art und ordne sie in zwei Kategorien ein: gut gemeinte Ratschläge – Ermahnungen

- Warum werden diese Sprüche seit Jahrzehnten benutzt und passen heute immer noch?

- Glaubst du, dass solche Sprüche irgendwann überholt sein werden – vielleicht wenn du selbst Kinder hast?

Sprüche

© Verlag an der Ruhr • Postfach 10 22 51 • 45422 Mülheim an der Ruhr • www.verlagruhr.de

Das Benehmen in der Schule

Leben in einer Klassengemeinschaft

Wenn man zur Schule geht, wird man automatisch einer Klasse zugeordnet, ohne dass man sich die Leute aussuchen kann, mit denen man in den nächsten Jahren seine Vormittage verbringt. Wenn man diese Zeit möglichst angenehm verbringen und mit seinen Mitschülern und Lehrern gut auskommen und vielleicht sogar eine gute Klassengemeinschaft aufbauen will, sollte man einige Regeln des Umgangs beachten. Die Grundlage dafür ist gegenseitiger Respekt und Achtung voreinander.

> Eine Definition für „Schulklasse" könnte demnach sein:
> *„Eine Schulklasse nennt man eine Gruppe von Schülern auf ähnlichem Altersniveau, die ihre Schulvormittage gemeinsam verbringt und nach dem gleichen Stundenplan von den gleichen Lehrern unterrichtet wird."*

Um eine Klassengemeinschaft zu werden bedarf es aber etwas mehr!

■ *Was hält eine Gemeinschaft zusammen? Schreibt Eigenschaften und Begriffe auf, die euch für den Zusammenhalt einer Gemeinschaft wichtig erscheinen.*

■ *Versucht dann, eine Definition des Begriffs „Klassengemeinschaft" aufzuschreiben. Ihr könnt dazu die Definition von „Schulklasse" verwenden und umschreiben oder eine ganz neue finden.*

■ *Gebt eurer Klassengemeinschaft Noten. Schätzt vorher, welchen Durchschnittswert ihr erhalten werdet. Schreibt eure Schätzungen auf, damit ihr sie hinterher mit dem Ergebnis vergleichen könnt.*
• *Jeder schreibt eine Note von Eins bis Sechs (ohne Plus und Minus) auf einen Stimmzettel.*
• *Euer Lehrer sammelt die Stimmzettel ein und zählt sie an der Tafel aus. Dann wisst ihr, welche Note am häufigsten vergeben wurde.*
• *Um für eure Klassengemeinschaft eine Durchschnittsnote zu errechnen, addiert ihr alle Noten zusammen und teilt das Ergebnis anschließend durch die Anzahl der Stimmzettel.*

■ *Stimmt der errechnete Durchschnitt mit euren Schätzungen überein? Was könnten Ursachen für Abweichungen sein?*

■ *Wenn ihr die einzelnen Noten vergleicht: Habt ihr alle eurer Klassengemeinschaft ähnliche Noten gegeben oder gab es große Unterschiede?*
Falls es Unterschiede gab: Was könnten die Ursachen dafür sein, dass ihr eure Gemeinschaft verschieden gut empfindet?

■ *Wenn ihr von eurer Definition und den erteilten Noten ausgeht: Seid ihr dann eher eine Klasse oder eine Klassengemeinschaft? Was könnte bei euch besser laufen?*

© Verlag an der Ruhr • Postfach 10 22 51 • 45422 Mülheim an der Ruhr • www.verlagruhr.de

Das Benehmen in der Schule

Da war doch noch jemand ...
Welches Verhalten eure Lehrer und Mitschüler von euch erwarten, könnt ihr nach etlichen gemeinsamen Schuljahren sicherlich ganz gut einschätzen.

Im tagtäglichen Miteinander hat man genügend Gelegenheiten das herauszufinden. Und nach dem (Selbst-) einschätzungstest (s.S. 19) wisst ihr sicherlich noch besser, ob ihr mit eurem Verhalten den anderen gegenüber immer richtig liegt. Leider wird oft vergessen, dass es neben Lehrern und Schülern noch andere Menschen gibt, die ihren Teil dazu beitragen, den „Betrieb" Schule am Laufen zu halten, z.B. Sekretärinnen, Hausmeister und Reinigungskräfte.

■ *Wenn man erkannt hat, was andere Menschen für einen tun, ist es leichter, ihnen dafür Respekt entgegenzubringen. Schreibt daher auf, wer in eurer Schule – abgesehen von den Lehrern – noch arbeitet und notiert in Stichpunkten, welches Verhalten ihr von diesen Personen erwartet. Welches Verhalten könnten sie ihrerseits von euch erwarten?*

■ *All diese Personen tragen dazu bei, dass ihr euch in der Schule wohl fühlen könnt. Überlegt euch deshalb mal, wie ihr ihnen die tägliche Arbeit erleichtern könnt:*

■ *Fallen euch Möglichkeiten ein, euch bei diesen Personen für ihre tägliche Arbeit zu bedanken? Sammelt Ideen und setzt die besten in die Tat um.*

Reinigungskräfte	Hausmeister	Sekretärinnen	_____	_____

Höflichkeit
und gutes Benehmen   © Verlag an der Ruhr • Postfach 10 22 51 • 45422 Mülheim an der Ruhr • www.verlagruhr.de

Wie funktioniert Respekt?

Streiten gehört zum Leben. In Streitsituationen fällt es uns jedoch besonders schwer, sich dem Anderen gegenüber respektvoll zu verhalten und höflich zu bleiben. Wie man in solchen Situationen miteinander umgeht, hängt im Wesentlichen davon ab, wie gut man sich kennt. Freunden verzeiht man eher ein im Streit gefallenes böses Wort und kann auch umgekehrt eher seine Wut los werden, ohne dass gleich die Freundschaft in die Brüche geht. Dagegen begegnet man Fremden, deren Reaktionen man nicht gut abschätzen kann, auch im Streit eher vorsichtig. Es gibt viele Möglichkeiten im Streit miteinander umzugehen – gute und schlechte. Welche Möglichkeiten gut oder schlecht sind, hängt oft von den streitenden Personen ab.

Möglichkeiten, einen Streit zu beenden:

■ *Findet heraus, welche Möglichkeiten es gibt, einen Streit beizulegen und ergänzt die Tabelle.*

■ *Geht die einzelnen Möglichkeiten durch und überlegt euch die Vor- und Nachteile jeder Lösung. Welche haltet ihr für sinnvoll?*

	Vorteile	Nachteile
sich entschuldigen		
den Anderen ignorieren		
eine neutrale Person um Hilfe bitten		
warten, bis der Andere sich entschuldigt		

Höflichkeit
und gutes Benehmen

© Verlag an der Ruhr • Postfach 10 22 51 • 45422 Mülheim an der Ruhr • www.verlagruhr.de

Respekt statt sturer Benimm-Regeln

Gutes Benehmen bedeutet kein stures Anwenden von auswendig gelernten Benimm-Regeln, sondern ein höfliches Miteinander auf der Basis gegenseitigem Respekts. Wenn man jedoch mit seinem Verhalten nicht überall anecken will und das Gleiche auch von seinen Mitmenschen erwartet, muss man sich selbst und andere vorher ganz gut einschätzen können. Ob das eigene Verhalten auch die anderen angemessen und höflich finden, hängt nämlich im Wesentlichen davon ab, was sie von uns erwarten.

Bei dem folgenden Projekt könnt ihr herausfinden, ob andere (eure Mitschüler) euer Verhalten tatsächlich angemessen und höflich finden. Die Dauer des Projektes legt ihr selber fest, es sollte aber mindestens eine Woche lang durchgeführt werden. Während dieser Zeit beobachtet ihr gegenseitig euer Verhalten. Einmal am Tag – zu einer festgelegten Zeit oder am Ende des Tages – schätzt ihr euer Verhalten selbst ein und lasst es gleichzeitig von euren Mitschülern bewerten.

So geht's:

- Schreibt zuerst eure Namen untereinander in eine Tabelle auf ein großes Plakat. Daneben schreibt ihr die Wochentage.
- Die so entstandenen Quadrate unterteilt ihr diagonal, sodass bei jedem Tag zu jedem Namen zwei Dreiecke entstehen (siehe Abb. links)
- Stellt anschließend Kriterien auf, anhand deren ihr euer Verhalten beurteilen könnt. Berücksichtigt dabei Verhaltensweisen, auf die es speziell in der Schule ankommt.
- Euer Benehmen messt ihr dann auf einer Skala von -2 bis +2:

-2	-1	0	1	2
hat heute gar nicht geklappt	ein Missgeschick ist passiert	an die vereinbarten Regeln gehalten	mehr als nur an die Regeln gehalten	besonders gut benommen

Achtung:

- Zu einer festgelegten Zeit trägt dann jeder in dem Plakat im oberen Dreieck die Note ein, die er sich für diesen Tag geben würde. Anschließend wird diese Note vorgelesen und darüber abgestimmt. Sollte die übrige Klasse anderer Meinung sein, wird die von der Klasse vorgeschlagene Note in das untere Dreieck geschrieben. (Sollte die Zeit nicht ausreichen, täglich über alle Noten zu sprechen, kann man auch jeweils fünf Personen herausgreifen. Diese sollten natürlich erst bei der Besprechung ausgewählt werden, damit sie ihr Verhalten nicht vorab schon entsprechend anpassen!)

- Meinungsverschiedenheiten und Diskussionen sind bei diesem (Selbst-)einschätzungstest erwünscht. Wichtig ist aber, dass diese Diskussionen im Klassenraum bleiben und nicht „draußen" weiter ausgetragen werden.

Höflichkeit
und gutes Benehmen

Andere Länder, andere Sitten?

Info:

Was sind eigentlich Sitten?

Sitten sind Verhaltensregeln, die meistens eine lange Tradition haben. Wir lernen sie von unseren Eltern. Unsere Eltern haben sie von ihren Eltern gelernt, diese wiederum von ihren Eltern usw.

Natürlich passen sich Sitten der jeweiligen Zeit an und manches, was vor hundert Jahren üblich war, ist längst überholt. Die Sitten aber, denen die Zeit nichts anhaben konnte, scheinen sich als besonders sinnvoll erwiesen zu haben. Weil sie innerhalb einer Gesellschaft jedem verständlich sind, erleichtern sie den Umgang der Menschen miteinander.

– Meint man. Ganz so einfach ist es aber doch nicht:

In unserer Gesellschaft leben viele Menschen anderer Herkunft. Für sie sind unsere Sitten und Bräuche nicht immer verständlich, denn sie haben von ihren Eltern vielleicht andere – die in ihren Ländern üblichen – gelernt. Umgekehrt verhält es sich genauso: Wenn du in ein anderes Land reist, hast du unter Umständen Schwierigkeiten, die dortigen Sitten zu verstehen.

- **Bestimmt habt ihr (z.B. im Urlaub) schon einige Alltags-Bräuche anderer Länder kennen gelernt.**
  Welche fallen euch ein?

- **Erkundigt euch bei Mitschülern oder Freunden anderer Nationalität nach typischen Bräuchen aus ihrem Herkunftsland.**

- **Erstellt mit diesen Punkten eine Liste und vergleicht sie darin mit unseren Sitten und Bräuchen. Findet ihr deutliche Unterschiede? Überlegt, wie sie zu Stande gekommen sein könnten.**
  (z.B. durch eine andere Religion, eine andere Geschichte, durch ein anderes Klima usw.)

Beispiel:

	in ... (Land) üblich	bei uns üblich
Begrüßungsformen		
Tischsitten		
...		

- **Diskutiert:**
  Macht es Sinn, sich mit fremden Sitten und Bräuchen zu beschäftigen? Einige kennen sich doch mit den Gewohnheiten im eigenen Land kaum aus.

Höflichkeit
und gutes Benehmen

Gegenüber einigen Ländern bestehen gewisse Vorurteile, was die dort herrschenden Umgangsformen und Verhaltensweisen angeht. So sind Deutsche angeblich bekannt für ihre Ordnung, Sauberkeit und vor allem Pünktlichkeit. Franzosen wird besondere Höflichkeit nachgesagt und alle Engländer sollen einen komischen Humor haben. Ob Schotten so geizig sind wie ihr Ruf, ist auch noch nicht abschließend geklärt. – Es sind viele Gerüchte und Halbwahrheiten im Umlauf. Über die wirklichen Gewohnheiten weiß man in der Regel allerdings weniger.

Auf der rechten Seite findest du eine Auswahl einiger Verhaltensweisen und Bräuche, die in bestimmten Ländern verbreitet sind. Genau wie die bei uns üblichen Verhaltensweisen haben alle eine bestimmte Bedeutung.

■ *Finde heraus, welche Umgangsformen zu welchem Land gehören.*

Ägypten (2x), Australien, arabische Länder (2x), Finnland, Frankreich, Griechenland, Italien (2x), Japan (2x),

■ *Überlege dann, welchen Sinn oder praktischen Zweck die jeweiligen Verhaltensweisen haben und schreibe deine Vermutungen auf.*

■ *Recherchiere anschließend z.B. im Internet oder befrage Menschen, die aus diesen Ländern kommen und überprüfe deine Vermutungen.*

(Auflösung s.S. 48)

Verhaltensweise   **Land**

1. Vor dem Betreten einer Wohnung zieht der Gast seine Schuhe aus. ....

2. Bei Tisch bleiben die Hände der Anwesenden so lange unter dem Tisch, bis alle Gäste bedient sind. ......

3. Hier gilt es in Restaurants als äußerst unhöflich, zum Hauptgang nicht noch eine Vor- oder Nachspeise zu bestellen. ....

4. Wenn man eingeladen worden ist, sollte man ein großzügiges Gastgeschenk mitbringen. ....

5. Einladungen sollte man zweimal ablehnen. Erst beim dritten Mal sind sie ernst gemeint. ....

6. Zu einer korrekten Begrüßung gehört es unbedingt dazu, sich die Hand zu geben. ....

7. Hier geht Höflichkeit über alles. Wenn man eine Frage nicht beantworten kann, gibt man deshalb lieber eine falsche Antwort als gar keine. ....

8. In diesem Land wird die Zahlung von Trinkgeldern als peinlich angesehen. ....

9. Hier trägt man im Flur Flurpantoffeln, für das Bad gibt es Toilettenpantoffeln. Die übrigen Räume werden barfuß oder auf Socken betreten. ....

10. In diesem Land darf man im Restaurant nicht selbst einen Tisch auswählen, man bekommt ihn vom Kellner zugewiesen. Auf dem Tisch wird immer eine Karaffe mit Wasser stehen. ....

11. Jemandem beim Sitzen die Fußsohlen zu zeigen, gilt als Beleidigung. Da man häufig auf dem Boden sitzt, wählt man deshalb den Schneidersitz. ....

12. Hier gibt man sich zur Begrüßung nicht die Hand. Man verbeugt sich voreinander, wobei die Hände vorn auf den Oberschenkel gelegt werden. ....

Anmerkung:

Diese Zusammenstellung ist natürlich nur eine winzig kleine Auswahl aus der unendlichen Vielfalt aller üblichen Verhaltensweisen. Und natürlich gelten die meisten nicht ausschließlich für ein Land. (Hände schütteln ist z.B. in vielen Ländern üblich.) Deshalb konntet ihr einige sicher nicht eindeutig einem Land zuordnen. Wichtig dabei ist überlegt zu haben, auf welche Länder sie zutreffen könnten und warum.

Lösungen:

1. arabische Länder

In islamischen Ländern wird auf dem Fußboden gebetet bzw. auch gegessen. Schuhe, die mit Straßenschmutz in Berührung kommen, würden den Boden beschmutzen und entweihen.

2. Australien

Diese Geste signalisiert Zurückhaltung und Verzicht. Damit keiner der Gäste bevorzugt wird, beginnt man mit dem Essen, wenn alle etwas auf dem Teller haben. Außerdem wird so gewährleistet, dass die Speisen gleichmäßig aufgeteilt werden bzw. für alle reichen.

3. Italien

Ausgiebige Mahlzeiten sind in Italien wichtige Ereignisse, in denen man die Gemeinschaft pflegt. Wenn man beim gemeinsamen Essen bestimmte Speisen auslässt, kann es bedeuten, dass man nicht sehr viel Wert auf dieses Gemeinschaftserlebnis legt. In Restaurants kann man es auch als Ablehnung der Küche (miss)verstehen.

4. Griechenland

Eine Einladung ist für die Gastgeber immer mit (finanziellem) Aufwand verbunden. Griechenland ist ein sehr gastfreundliches Land. Es wird sehr viel Wert darauf gelegt, die Gäste möglichst gut zu bewirten. Das Gastgeschenk zeigt, dass man die Umstände, die man den Gastgebern bereitet, wertschätzt.

5. Ägypten

Einladungen sind für die Gastgeber mit Umständen und auch finanziellen Ausgaben verbunden. In sehr gastfreudlichen Ländern wie Ägypten sind sie immer auch mit einer Gegeneinladung verbunden bzw. mit großzügigen Geschenken. Um die Gastgeber nicht übermäßig zu strapazieren und den Aufwand gering zu halten, hält man sich an diese Regelung.

6. Italien

Das Händeschütteln diente ursprünglich dem Abtasten nach Waffen (siehe S. 33). Mittlerweile gehört es in einigen Ländern einfach zur Begrüßung dazu. Wenn man darauf verzichtet, kann man es als Geringschätzung der begrüßten Person verstehen.

7. Ägypten

Wenn man auf eine Frage nichts entgegnet, kann der Gesprächspartner das als Missachtung seiner Person verstehen. Um ein Gespräch nicht abzublocken, versucht man daher zumindest irgendeine Antwort zu geben.

8. Finnland

Durch ein Trinkgeld betont man die soziale Ungleichstellung von Gast und Kellner und setzt ihn als Person herab. Die zuvorkommende Bedienung der Gäste gehört zu den Aufgaben des Kellners und muss nicht zusätzlich entlohnt werden.

9. Japan

In Japan sitzt man in der Regel auf Reismatten. Weil man dabei mit dem Boden in Berührung kommt, betritt man nicht mit schmutzigen Straßenschuhen die Wohnung.

10. Frankreich

In Frankreich ist es sehr verbreitet, auswärts essen zu gehen. Dementsprechend groß ist der Betrieb in Restaurants. Damit man die Organisation nicht durcheinander bringt, überlässt man den Kellnern die Tischverteilung. Außerdem ist man in einem Restaurant „nur" Gast und sollte die Führung daher dem Gastgeber überlassen. Das Wasser dient der besseren Bekömmlichkeit von Wein, Kaffee etc.

11. Japan

In Japan gehören Distanz und Zurückhaltung zur Höflichkeit. Um sein Gegenüber nicht ganz in Beschlag zu nehmen und ihm nicht „auf die Pelle zu rücken", hält man bei der Begrüßung Distanz und respektiert seine Grenze. Ursprünglich war diese Geste eine Vorsichtsmaßnahme: Man behielt die Hände bei sich, hielt Abstand und signalisierte damit, dass man nichts Böses im Sinn hat.

12. arabische Länder

Füße kommen mit unreinen Dingen (Straßenschmutz) in Berührung und sollten daher dem Gegenüber nicht hingehalten werden.

Hände sagen mehr als Worte

Die mit Händen ausgeführten Gesten haben immer eine bestimmte Bedeutung. Sie können das, was wir sagen, untermalen und in seiner Bedeutung verstärken oder auch ganz ohne Worte eine bestimmte Botschaft vermitteln. Daher kann man diese besondere Form der Kommunikation auch die „Sprache der Hände" nennen. Und genau wie die gesprochene Sprache sich in verschiedenen Ländern unterscheidet,

benutzt man dort auch andere Gesten.

Auffällig ist, dass in einigen Ländern die Menschen mehr gestikulieren als in anderen. Das ist in den islamischen Ländern, in Südeuropa sowie in den Mittelmeerländern der Fall.

Einige Sprachforscher erklären das mit dem heißen Klima, das in diesen Ländern herrscht: Um sich bei Hitze die Anstrengung des Sprechens zu sparen, wird das, was man sagen

will, mit einer knappen Geste ausgedrückt. Diese Erklärung ist allerdings nur eine Vermutung.

■ *Unten siehst du eine Auswahl von Gesten, die in Italien üblich sind.*
Ordne die hier genannten Bedeutungen der Gesten den jeweiligen Bildern zu, indem du die richtige Zahl in das passende Kästchen schreibst.

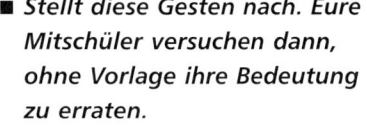

Bedeutungen:

1 = Was kann ich denn dafür?
2 = Einmalig!/Große Klasse!
3 = Was willst du bloß?
4 = Hab Geduld!
5 = Bist du blöd?
6 = Das ist klar!
7 = Schluss jetzt! Sprechen wir nicht mehr darüber!
8 = Ich traue dir nicht so ganz!
9 = Das interessiert mich nicht!
10 = Sei vorsichtig, die beiden haben etwas vereinbart!

■ *Stellt diese Gesten nach. Eure Mitschüler versuchen dann, ohne Vorlage ihre Bedeutung zu erraten.*

■ *Welche Gesten benutzen wir in Deutschland? Gibt es für jede der hier vorgestellten Gesten eine Entsprechung?*

■ *Kennt ihr noch weitere Gesten und Ausdrücke der Körpersprache? Recherchiert zu diesem Thema im Internet oder in Büchern (z.B. in Reiseführern, Büchern über Körpersprache).*

■ *Zeichnet oder fotografiert sie und stellt mit den Bildern eine eigene „Gesten-Sprache" zusammen.*

© Verlag an der Ruhr • Postfach 10 22 51 • 45422 Mülheim an der Ruhr • www.verlagruhr.de

Vermittler zwischen den Welten

In Münster arbeitet Deutschlands einziger Kulturdolmetscher.

Münster. Da lässt der Ärger nicht lange auf sich warten: In der Flüchtlingssiedlung hängen seit Tagen triefend nasse Teppiche über der Balkonbrüstung. Ständig sitzen bis abends spät Roma-Familien vor den Eingängen zusammen, unterhalten sich und feiern, und bei den deutschen Nachbarfamilien gärt es: Es hagelt Beschwerdebriefe an die Stadt. Das ist ein Fall für Fadil Mehmeti, Deutschlands einzigen Kulturdolmetscher. Der 33-Jährige ist selber Roma und lebt seit 1989 in Münster. Fließend spricht er neben Romanes und Deutsch auch Albanisch, Serbokroatisch und Slowenisch. Er kennt nicht nur die Sprachen, er kennt auch die Kulturen.

„Nationworker" nennt sich amtsneudeutsch seine Aufgabe, die doch eher die eines Wanderers zwischen den Welten ist. Mehmeti erklärt den Roma, weshalb sie ihre Teppiche nicht in aller Öffentlichkeit waschen sollten.

Und versucht den Deutschen zu vermitteln, dass der Teppich für Roma eine große kulturelle Bedeutung hat. „Die Roma leben auf ihrem Teppich", weiß er. Die Familie sitzt darauf, Gäste nehmen auf ihm Platz. Das teure Stück mittels eines Staubsaugers zu reinigen, käme einem Sakrileg gleich. „Ich muss den Familien erklären, dass es Nassstaubsauger gibt, dass man damit die Teppiche ausreichend reinigen kann", erzählt Mehmeti. Und die Roma-Familien verstehen dann, weshalb ihre deutschen Nachbarn etwas irritiert auf ihre kulturellen Eigenheiten reagieren.

Fadil Mehmeti arbeitet so an der Integration der Flüchtlinge. Nach und nach. Schritt für Schritt. Konfliktpotenzial gibt es reichlich. Zum Beispiel die Lautstärke: „Die Kultur der Roma basiert auf Musik und dem Feiern von Festen", erzählt Mehmeti. Oder dass die Familien massenhaft

Wasser im Supermarkt kaufen und dann die Einkaufswagen nicht zurückbringen.

Kurz: Die Flüchtlinge ecken oft an bei ihren deutschen Nachbarn. Und zwar, so betont Mehmeti, aus Unkenntnis. Nicht aus Absicht. „Unser Ziel ist aber auch, dass die Deutschen mehr auf ihre ausländischen Nachbarn zugehen", erklärt Sozialarbeiter Reinhold Kauling vom Amt für Kinder, Jugendliche und Familien. Es ist schon viel gewonnen, wenn die Deutschen sehen, dass Roma nicht gleich Roma ist; wenn sie bemerken, dass es auch dort schwierige und unproblematische Familien gibt", sagt Kauling.

Kurz: Dass in den Angehörigen des anderen Volkes das Individuum bemerkt wird.

(gekürzt aus: NRZ, 25. Juli 2001)

- Kann es auch ohne „Kulturdolmetscher" gehen? Wie ließen sich die in dem Zeitungsartikel beschriebenen Probleme ohne ihn lösen?

- Welche Voraussetzungen muss ein „Kulturdolmetscher" deiner Meinung nach mitbringen?

- Schreibe ein Kurzprofil zu diesem Beruf. Gehe dabei auch auf die Anforderungen dieses Berufes ein.

- Gäbe es in eurer Stadt/eurem Viertel auch Bedarf für einen „Kulturdolmetscher"? Welche Probleme müsste er lösen?

- Erkundigt euch bei der Stadtverwaltung eurer Stadt, ob dort ein solcher „Kulturdolmetscher" eingesetzt ist. Falls es ihn nicht gibt: Wer ist in eurer Stadt zuständig, wenn es Konflikte zwischen den verschiedenen Kulturen gibt?

Vermittler zwischen den Welten

In einem Interview mit einer Mitarbeiterin des Verlags an der Ruhr sprach Herr Mehmeti über seine ungewöhnliche Aufgabe:

(Das vollständige Interview könnt ihr unter www.verlagruhr.de nachlesen.)

VadR: *Herr Mehmeti, wie sind Sie „Nationworker" geworden?*

Mehmeti: Eine besondere Ausbildung habe ich dafür nicht gemacht. Dadurch, dass ich selbst Roma bin, war ich automatisch an vielen Orten, wo Roma und Deutsche aufeinander treffen. Da ich mich auch immer für die deutsche Kultur interessiert habe, kenne ich sie inzwischen gut. So konnte ich häufig in Streitfällen vermitteln. Als sich die Konflikte zwischen Roma und Deutsche häuften, bestand seitens der Stadtverwaltung Interesse an meiner Arbeit als Vermittler. Daraus hat sich dann die Tätigkeit des Nationworkers entwickelt. (...)

VadR: *Gibt es Konflikte, die auffallend häufig zwischen Roma und Deutschen auftreten?*

Mehmeti: Ja. Besonders häufig kommt es z.B. im Sommer bei schönem Wetter zu Schwierigkeiten, wenn viele Roma bis spät in die Nacht ganz friedlich vor ihren Häusern sitzen und sich unterhalten. Sie sind kulturell bedingt sehr gesellige Menschen, die sich gerne laut unterhalten. Dass sie ihre deutschen Nachbarn stören, ist ihnen gar nicht bewusst. Wenn man mit ihnen darüber redet, sind sie meist gerne bereit mehr Rücksicht zu nehmen.

In einem konkreten Fall störten sich einige deutsche Nachbarn daran, dass das gesellige Beisammensein der Roma-Familien sich hauptsächlich auf dem Rasen vor dem Haus abspielte. Die Lösung war einfach: Ohne großen Aufwand wurde hinter der Sammelunterkunft ein Treffpunkt eingerichtet. So können sich die Roma weiter unterhalten, ohne dabei die deutschen Nachbarn zu stören.

Auch ein anderer Konflikt ließ sich ohne viel Aufsehen beheben: In der Kultur der Roma spielen Teppiche eine große Rolle. Dementsprechend sorgfältig werden sie zweimal im Monat mit viel Wasser gereinigt und draußen zum Trocknen aufgehängt. Die tropfenden Teppiche störten einige Nachbarn, andererseits kann man Roma schlecht davon überzeugen ihre Teppiche nur Staub zu saugen. Ich habe ihnen dann vorgeschlagen, die Teppiche mit einem Nasssauger zu reinigen. Das ist hygienisch genug und stört die Nachbarn nicht. Die Idee wurde akzeptiert und das Problem war gelöst.

Das sind nur einige Beispiele dafür, wie viele Konflikte nicht auf Bösartigkeit, sondern auf Unwissenheit beruhen. Häufig lassen sie sich durch vermittelnde Gespräche bereinigen.

VadR: *Haben Sie in Ihren Gesprächen das Gefühl, dass die Menschen generell bereit sind aufeinander zuzugehen und Kompromisse zu finden?*

Mehmeti: Auf jeden Fall. Ich muss sagen, auch bei den deutschen Anwohnern stoße ich immer wieder auf Verständnis und Unterstützung, wenn ich ihnen die Situation der Roma und die Hintergründe des Konflikts erkläre. Je enger Roma und Deutsche zusammenwohnen und je häufiger sie dadurch automatisch in Kontakt treten, desto größer wird auch das Verständnis füreinander. Schließlich sollen sich die Menschen nicht lieben, sondern respektieren. Was wir bisher vor allem erreicht haben ist, dass die deutschen Anwohner Roma mittlerweile differenzierter wahrnehmen. Es gibt dann nicht mehr nur *die* Roma, sondern die nette Familie A und die weniger sympathische Familie B – genau wie in allen anderen Kulturen auch. (...)

VadR: *Wie schwer fällt es Ihnen denn als Roma, in Konfliktfällen unparteiisch zu sein?*

Mehmeti: Nicht so schwer, denn hinter jedem Erfolg, den ich gemeinsam mit Roma und Deutschen erziele, steht ja auch ein besseres Leben für die Roma in Deutschland. Dafür lohnt es sich, solche Gespräche zu führen und Kompromisse zu finden. (...)

VadR: *Wenn Sie eine Erfolgsquote angeben müssten: In wie viel Prozent aller Fälle konnten Sie bisher erfolgreich verhindern, dass aus Missverständnissen Streit wurde?*

Mehmeti: Wenn ich sage zu 100 Pozent, wäre das sicher zu optimistisch. Viele Missverständnisse lassen sich ja auch nur längerfristig aus dem Weg räumen. Ich bleibe mit den Familien dann auch über einen längeren Zeitraum in Kontakt. (...)
Aber noch mal zur Erfolgsquote. Seit Mai 2001 bin ich hauptsächlich an drei verschiedenen Orten in Münster tätig, an denen es vorher gehäuft zu Konflikten oder Beschwerden kam. An zwei dieser Orte ist es seitdem kaum noch zu Störungen gekommen, was ich gerne als Erfolg für meine Arbeit verbuchen möchte. Das gibt mir dann wieder Kraft für neue Bemühungen. Andererseits kann man auch fragen, was in diesem Zusammenhang eigentlich Erfolg ist.

Höflichkeit
und gutes Benehmen   © Verlag an der Ruhr • Postfach 10 22 51 • 45422 Mülheim an der Ruhr • www.verlagruhr.de

Zwischen Orient und Okzident – Missverständnisse vorprogrammiert?

Was wir als „gutes Benehmen" an anderen wahrnehmen, ist stets abhängig von den Gewohnheiten, die in unserer Gesellschaft üblich sind. Diese entstehen natürlich nicht über Nacht.

Sie entwickeln sich über Jahrzehnte (oder sogar Jahrhunderte) innerhalb einer bestimmten Region, Gesellschaft oder Gruppe. Einige überdauern Veränderungen und werden „eingebürgert".

Andere, nicht mehr zeitgemäße Gewohnheiten, werden verworfen oder vergessen und schließlich ganz abgelegt. Auf diese Weise haben sich in den verschiedenen Ländern unserer Erde auch ganz unterschiedliche Riten und Bräuche entwickelt – abhängig von der jeweiligen Kultur und Religion.

In Deutschland leben Menschen ganz unterschiedlicher Herkunft auf relativ engem Raum miteinander. Im täglichen Kontakt kommt es dann manchmal zu Konflikten, die auf kulturellen Missverständnissen basieren. Sie könnten leicht beseitigt werden, würde man die Ursachen für diese Missverständnisse kennen. Da die größte Gruppe der in Deutschland lebenden ausländischen Mitbürger Muslime sind, lohnt es sich besonders, einige islamische Regeln des guten Benehmens kennen zu lernen.

Begrüßungsrituale

Menschen in der islamischen Welt gehen bei Begrüßungen sehr formell und höflich miteinander um. Sie benutzen dabei Rituale, die fast einem Frage-Antwort-Spiel gleichen.

Bei diesen Begrüßungen können die Hände ineinander gelegt werden. Das in Deutschland übliche Zudrücken und Schütteln der Hände wird von vielen Muslimen als peinlich empfunden.

Achtung Linkshänder: Die linke Hand gilt im Islam als unrein, da sie üblicherweise nach dem Toilettengang zur Reinigung benutzt wird. Zur Begrüßung sollte man deshalb auf jeden Fall die rechte Hand verwenden.

■ *Lest die Begrüßungsformeln laut vor. Wenn ihr einen Mitschüler habt, der die richtige Aussprache beherrscht, kann er sie euch beibringen.*

■ *Überlegt euch, welche Vorteile solche förmlichen Begrüßungen gegenüber einem knappen „Hallo" haben könnten.*

Einige übliche Grußformeln:

Grüßender:	Antwortender:
As-salam 'alaikum. (Friede sei mit euch.)	*Wa 'alaikum as-salam.* (Und Friede sei mit euch.)
Sabah al-khair. (Ein Morgen des Guten.)	*Sabah al-nur.* (Ein Morgen des Lichtes.)
	Sabah al-yasmin. (Ein Morgen des Jasmin.)
Kayf al-hal? (Wie ist die Lage?)	*Al-hamdu li-Allah.* (Der Lobpreis für Gott.)

aber auch einfach:
Marhaba.
(Hallo.)

Höflichkeit
und gutes Benehmen   © Verlag an der Ruhr • Postfach 10 22 51 • 45422 Mülheim an der Ruhr • www.verlagruhr.de

Zwischen Orient und Okzident – Missverständnisse vorprogrammiert ?

Menschen, die sich gut kennen, begrüßen sich gerne mit Umarmungen und Wangenküssen. Das gilt aber nur für gleichgeschlechtliche oder verwandte Personen. Männer und Frauen, die nicht miteinander verwand sind, grüßen sich sehr zurückhaltend und achten darauf sich nicht zu berühren. Unbekannten Personen gegenüber drückt man seine Achtung aus, indem man sie mit einer ehrbaren Bezeichnung begrüßt.

So spricht man z.B. ältere Frauen mit Tante oder Großmutter an, ältere Männer mit Vater oder Onkel. Fremden Menschen gegenüber üblich sind auch Anreden wie „mein Liebling" oder „mein Herz". Das sollte man keineswegs als Vertraulichkeit verstehen. Solche Begriffe zeigen nur, dass man sich freut jemanden kennen zu lernen.

Situation1:

Stell dir vor, du bist ein deutscher Junge, der von seinem türkischen Freund zum ersten Mal nach Hause eingeladen wird. Anwesend sind außer deinem Freund noch seine Eltern sowie ein jüngerer Bruder und eine ältere Schwester.

- *Wie verhältst du dich den einzelnen Personen gegenüber richtig ?*

- *Wie kannst du Fettnäpfchen vermeiden, wenn du unsicher bist?*

- *Was erwartest du vor diesem Besuch von deinem türkischen Freund?*

Situation 2:

Du beobachtest, wie sich zwei türkische Männer auf der Straße umarmen und mit Wangenküssen begrüßen. Daneben stehen ein paar Jugendliche, die laut darüber lästern und die beiden offensichtlich nachäffen. Darüber kommt es zum Streit zwischen den beiden Männern und den Jugendlichen.

- *Warum fühlen sich die beiden Männer angegriffen und beleidigt?*

- *Wie könnten sie trotzdem einen Streit verhindern?*

- *Was kannst du tun, um die Situation zu entschärfen?*

- *Überlegt euch noch andere Situationen, in denen diese Formen der höflichen Begrüßung in Deutschland zu Missverständnissen führen könnten.*
Schreibt diese Situationen wie ein Rollenspiel auf, sucht euch die notwendigen Partner und spielt sie vor.

- *Wie könnten solche Situationen schlimmstenfalls enden, wie bestenfalls?*
Überlegt euch für jedes Rollenspiel zwei mögliche Ausgänge.

- *Welche Möglichkeiten gibt es, um solche Missverständnisse gar nicht erst entstehen zu lassen?*

Zwischen Orient und Okzident – Missverständnisse vorprogrammiert ?

Gastfreundschaft

Die berühmte islamische Gastfreundschaft hat ihren Ursprung nicht in der Religion, obwohl das heute viele Menschen glauben. Dass sie bereits vor der Entstehung des Islam zur Pflicht jedes Menschen gehörte, beweisen die überlieferten Gedichte einiger vorislamischer Dichter.
So schrieb z.B. der Dichter Imrulqais:

„Und an jenem Tag schlachtete
ich den Mädchen mein Reitkamel.
Doch weh, über den Packsattel, den
man nun mitschleppen musste."
(aus: Peter Heine: Kulturknigge für Nichtmuslime, Herder, 2001, S. 83)

In vorislamischer Zeit war es für die Gastgeber selbstverständlich, die letzten Nahrungsreserven für ihre Gäste aufzutreiben. – In diesem Fall war es ein kostbares Reittier, das für die Gäste geschlachtet wurde.

■ *Welchen Sinn und Zweck er-*
füllte eine so hohe Form der
Gastfreundschaft, wie sie der
Dichter beschreibt, für das
Zusammenleben der Men-
schen zu jener Zeit?

Hinweise:

• Damals lebten die Menschen in Beduinengesellschaften.
• Die arabische Halbinsel bestand zum großen Teil aus weitläufigen, wenig bewohnten Wüstengebieten.
• Die geographischen und wirtschaftlichen Verhältnisse waren schwierig.
• Es gab drei Kategorien von Menschen: Familie, Gastfreunde und Feinde.

Erst später wurde die Idee der Gastfreundschaft in den Koran aufgenommen und somit als religiöse Pflicht für alle Muslime festgeschrieben:

Sure 17, Vers 26
„Und gib dem Verwandten, was ihm von Rechts wegen zusteht, ebenso dem Armen und dem, der unterwegs ist. Aber sei dabei nicht ausgesprochen verschwenderisch!"

■ *Warum war der Brauch der*
Gastfreundschaft damals
wichtig genug, um in den
Koran aufgenommen zu
werden? (Die Antwort auf
diese Frage hängt mit einer
der wichtigsten Funktionen
des Koran zusammen.)

■ *Welche Konsequenzen erge-*
ben sich daraus bis zur heuti-
gen Zeit für alle gläubigen
Muslime?

Ein einmal gewährtes Gastrecht ist unwiderruflich, auch wenn es unter falschen Voraussetzungen gestattet wurde.

Beispiel
(aus vorislamischer Zeit, mündlich überliefert):
„Einmal suchte ein verfolgter Mann in einem Beduinenlager Schutz vor seinen Feinden. In dem Lager war nur ein kleines Mädchen, welches ihn bereitwillig aufnahm und ihm damit Gastrecht gewährte. Als die Männer des Lagers dort eintrafen, stellte sich heraus, dass genau sie die Feinde gewesen waren, die den Mann verfolgt hatten. Da ihm aber das Gastrecht zugesprochen worden war, ließen sie ihn bei sich wohnen und bewirteten ihn, bis er ausgeruht weiterziehen konnte."
(aus: Peter Heine: Kulturknigge für Nichtmuslime, Herder, 2001, S. 83)

■ *Vergleicht diese Begebenheit*
mit der Situation in Afghanis-
tan, wo Osama Bin Laden das
Gastrecht der Taliban in An-
spruch nahm. Welche religiö-
sen und gesellschaftlichen
Folgen hätte es für diese Men-
schen, ihren Gast seinen Fein-
den auszuliefern?

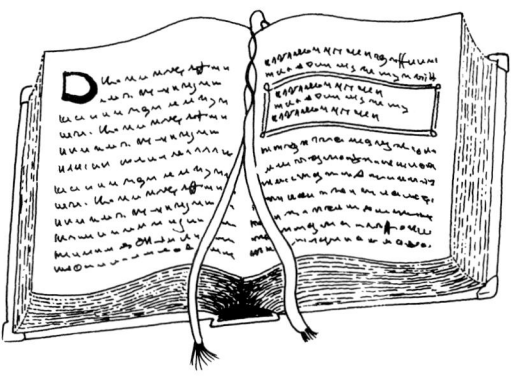

Höflichkeit
und gutes Benehmen

© Verlag an der Ruhr • Postfach 10 22 51 • 45422 Mülheim an der Ruhr • www.verlagruhr.de

Zwischen Orient und Okzident – Missverständnisse vorprogrammiert ?

Die Gastfreundschaft wurde für Muslime vom Koran für alle Zeiten festgeschrieben, doch passen sich die mit ihr verbundenen Bräuche der Zeit und den jeweiligen Lebensumständen an.

In städtischen Verhältnissen gelten heute folgende Regeln:

- Man sollte nur als Gast bei jemandem erscheinen, wenn man dazu eingeladen wurde.

- Nur an Tagen, an denen gegenseitige Besuche üblich sind, kann man unangemeldet erscheinen. Dazu gehören u.a. das Opferfest, das Fest des Fastenbrechens oder Familienfeste.

- Wird man offiziell in ein Haus eingeladen, geschieht das oft schriftlich.

- Man sollte niemals früher kommen, als auf der Einladung angegeben. Zumindest Europäer sollten aber auch nicht wesentlich später kommen, da sie für ihre Pünktlichkeit bekannt sind.

- Üblich ist, dass man als Gast ein kleines Geschenk überreicht. Bei diesem Geschenk sollte man immer die wirtschaftlichen Verhältnisse der einladenden Familie berücksichtigen. Kann sie nämlich bei einer Gegeneinladung nur ein weniger großzügiges Geschenk mitbringen, verliert sie ihr Gesicht. Deshalb geht man davon aus, dass man mit übertriebenen Geschenken blamiert werden soll.

- Man sollte die Schuhe ausziehen, wenn man einen orientalischen Haushalt betritt, außer, die Haushaltsmitglieder tragen selber Schuhe.
  (Muslime dürfen ihre religiösen Pflichten nur im Zustand der so genannten „rituellen Reinheit" ausführen. Da Schuhe auf der Straße mit unreinen Dingen in Kontakt kommen, hält man sie von der Wohnung fern.)

- Häufig sitzt man auf niedrigen Schemeln, Kissen oder direkt auf dem Boden. Dabei gilt es als ausgesprochen unhöflich, seinem Gegenüber die Fußsohlen zu zeigen.

- Beim Essen wird der Teller entweder von den Gastgebern aufgefüllt oder die Gäste werden gebeten, sich selbst zu bedienen. Das sollte man aber erst nach mehrmaliger Aufforderung tun.

- Wird das Essen von den Gastgebern aufgefüllt, wird der Teller immer weiter aufgefüllt, während man versucht, ihn leer zu essen. Man muss einfach aufhören zu essen, wenn man satt ist.

- Auf jede Einladung folgt eine Gegeneinladung. Man wird nicht zweimal hintereinander von der gleichen Familie eingeladen, ohne sie dazwischen als Gäste empfangen zu haben.

(nach: Peter Heine: Kulturknigge für Nichtmuslime, Herder, 2001, S. 83)

- *Auch wenn das Selbstverständnis der Gastfreundschaft immer noch besteht, hat sich aus dem einstmals zwanglosen Bewirten und Beherbergen von Gästen ein festes Regelwerk entwickelt. Welche Gründe findet ihr dafür?*

- *Untersucht die Gemeinsamkeiten und Unterschiede zu deutscher Gastfreundschaft. An welche Regeln sollte man sich in einem deutschen Haushalt halten?*

- *Erkundigt euch bei muslimischen Freunden oder Klassenkameraden, wie viele dieser Regeln ihre Familien auch in Deutschland einhalten und wo sie die Vorteile solcher Regeln sehen.*

Höflichkeit
und gutes Benehmen   © Verlag an der Ruhr • Postfach 10 22 51 • 45422 Mülheim an der Ruhr • www.verlagruhr.de

Zwischen Orient und Okzident – Missverständnisse vorprogrammiert ?

Kleiderordnung

Sure 7, Vers 26

„Kinder Adams, wir gaben euch Kleidung, eure Scham zu bedecken, und zum Schmuck; doch das Kleid der Frömmigkeit – das ist das beste. Dies ist eins der Zeichen Allahs, auf dass sie (dessen) eingedenk sein mögen."

Durch nichts fallen Angehörige des muslimischen Glaubens im Straßenbild so sehr auf wie durch ihre Kleidung – so lange sie sich nach islamischen Vorschriften kleiden.

Genauso wie in der westlichen Welt ist Kleidung im Islam mehr als nur das Bedürfnis, sich gegen Witterungseinflüsse zu schützen.

Im islamischen Mittelalter drückte die Kleidung der Menschen z.B. ihre Religionszugehörigkeit, ihren Berufsstand, ihre wirtschaftliche und ihre soziale Stellung aus.

Lange, den Körper verhüllende Gewänder wurden nicht erst seit der Entstehung des Islam im 7. Jahrhundert getragen. Auch in der vorislamischen Zeit war eine ähnliche Kleidung üblich, ebenso im Christentum dieser Zeit. Der Koran hat diese Kleidung lediglich aufgegriffen und damit zur Pflicht erhoben.

■ *Welchen religiösen und welche praktischen Nutzen hatten diese Kleidervorschriften zur Zeit der Niederschreibung des Korans, welche verspricht sich der Islam heute davon?*

Allerdings hält der Koran sich mit eindeutigen Aussagen zurück, was die ordentliche Kleidung muslimischer Frauen angeht:

Sure 24, Vers 31

„Und sag den gläubigen Frauen, sie sollen (statt jemanden anzustarren lieber) ihre Augen niederschlagen und sie sollen darauf achten, dass ihre Scham bedeckt ist, (...) ihren Schal über den (vom Halsausschnitt nach vorne heruntergehenden) Schlitz (des Kleides) ziehen und den Schmuck, den sie (am Körper) tragen, nicht offen zeigen, außer ihrem Mann, (...)"

Unter „Scham" wird im Islam jedoch mehr verstanden als in der westlichen Welt. Die „Scham" der Frau erstreckt sich auf ihre Haare und ihren ganzen Körper. Ausgenommen sind nur die Hände und das Gesicht.

■ *Kannst du aus diesem Vers eine eindeutige Vorschrift ableiten, wie eine islamische Frau gekleidet sein sollte? Beschreibe, wie du dir diese Kleidung vorstellst.*

■ *Entspricht sie der Kleidung muslimischer Frauen, die du kennst oder auf der Straße siehst?*

■ *Nicht alle muslimischen Frauen sind gleich gekleidet. Körper- und Haarbedeckung variieren vom Ganzkörperschleier bis hin zum Kopftuch. Einige verzichten auch darauf. Woran liegt es deiner Meinung nach, dass es kein einheitliches Kleidungsbild gibt?*

■ *Kann man von der Kleidung einer Muslime auf die Tiefe ihres Glaubens schließen?*

Sonnenschutz contra Gebet – die Entstehung des Fez

Die Form der Kleidung entwickelte sich aber auch unter religiösen Gesichtspunkten.

So sollten in der ersten Hälfte des 19. Jahrhunderts runde Hüte in der Form eines Zylinders für Soldaten eingeführt werden. Zum Schutz gegen die oft heftige Sonne auf der arabischen Halbinsel waren diese Hüte mit einem Schirm ausgestattet.

Islamische Rechtsgelehrte protestierten heftig gegen diese Hüte, da man mit ihnen nicht ordentlich beten konnte. Der Schirm hinderte die Soldaten daran, beim Gebet mit der Stirn den Boden zu *berühren. Als Kompromiss wurde der Hut beibehalten, der Schirm aber weggelassen.*

So entstand der Fez als typisch orientalische Kopfbedeckung.

■ *Dieses Beispiel zeigt, dass Kleidung immer von verschiedenen Aspekten beeinflusst wird. Welche Einflüsse waren bei der Entstehung des Fez entscheidend?*

© Verlag an der Ruhr • Postfach 10 22 51 • 45422 Mülheim an der Ruhr • www.verlagruhr.de

Zwischen Orient und Okzident – Missverständnisse vorprogrammiert ?

Sure 33, Vers 59

„Prophet! Sag deinen Gattinnen und Töchtern und den Frauen der Gläubigen, sie sollen (wenn sie austreten) sich etwas von ihrem Gewand (über den Kopf) herunterziehen. So ist es am ehesten gewährleistet, dass sie (als ehrbare Frauen) erkannt und daraufhin nicht belästigt werden (...)."

Zum geschichtlichen Hintergrund dieses Verses:

Im alten Orient, zu vorislamischen Zeiten, durften sich nur freie und ehrbare Frauen verschleiern, Tänzerinnen oder Sklavinnen stand dieses Recht z.B. nicht zu. Gerade diese nicht-verschleierten Frauen galten als recht- und sittenlos und waren damit „Freiwild" für die Übergriffe einiger Männer – vor allem der feindlichen Soldaten in Kriegszeiten. So berichtet man, dass die Frauen des Propheten Mohammed des Nachts von fremden Männern belästigt worden seien, da sie unverschleiert waren und deshalb für Sklavinnen gehalten wurden. Sie trugen von da an Schleier, sobald sie außerhalb ihres Hauses waren, und viele Bürgerinnen der Oberschicht folgten ihrem Beispiel. Erst etwa ein Jahrhundert nach Mohammeds Tod wurde aus dieser Gewohnheit eine Forderung für alle Frauen, unabhängig von Schicht und gesellschaftlichem Ansehen.

■ **Was war der ursprüngliche Zweck des Verschleierungsgebots für Frauen?**

■ **War diese Vorschrift für die Frauen damals eher eine Einschränkung oder eine Befreiung?**

■ **Tragen Frauen heute aus den gleichen Gründen einen Schleier oder sind vielleicht andere Gründe dazu gekommen? Fragt z.B. eure muslimischen Mitschülerinnen, warum sie eine Kopfbedeckung tragen oder lieber darauf verzichten.**

In Afghanistan hatten die herrschenden Taliban die sogenannte „Burka" (Ganzkörperschleier) für Frauen und die Bartpflicht für Männer eingeführt. (Die Bartpflicht geht auf die Angaben über die Barttracht der Propheten zurück.)
Im Spätherbst 2001 wurden die Taliban von der von US-Soldaten unterstützten gegnerischen „Nordallianz" aus der afghanischen Hauptstadt Kabul vertrieben. Daraufhin konnte man in den Nachrichten folgende Szenen beobachten: Muslimische Männer schnitten sich vor laufenden Kameras ihre Bärte ab, Frauen zeigten sich ohne ihre Burka.

■ **Waren diese Gesten eurer Meinung nach Zeichen eines schwächeren Glaubens?**

■ **Die in den Nachrichten gezeigten Männer und Frauen waren Muslime. Dennoch hatten sie die talibanischen Regeln nur unter Zwang, nicht aus ihrem Glauben heraus befolgt. Haltet ihr solche Regeln dann für sinnvoll?**

■ **Wann hören Regeln auf, sinnvoll zu sein?**

Höflichkeit
und gutes Benehmen

© Verlag an der Ruhr • Postfach 10 22 51 • 45422 Mülheim an der Ruhr • www.verlagruhr.de

Zwischen Orient und Okzident – Missverständnisse vorprogrammiert ?

Religiöse Pflichten

Das Gebet

Zur wichtigsten Pflicht der Muslime gehört das Gebet, das fünfmal am Tag in bestimmten Zeiträumen durchgeführt werden muss. Vor jedem Gebet sind bestimmte rituelle Waschungen durchzuführen, die den Muslim in einen Zustand „ritueller Reinheit" versetzen.

Das Gebet kann überall durchgeführt werden. Wichtig ist nur, dass der Gebetsort ebenfalls „rituell rein" ist. Dazu muss eine Unterlage ausgebreitet werden. Es kann sich dabei um einen Gebetsteppich handeln, aber auch um ein einfaches Tuch oder Papier.

Beim Beten werden vorgeschriebene Texte aufgesagt; der Betende richtet sich dabei Richtung Mekka und nimmt bestimmte Körperhaltungen ein. Während des Gebets darf ein Muslim nicht gestört werden, sonst muss er noch einmal von vorne beginnen.

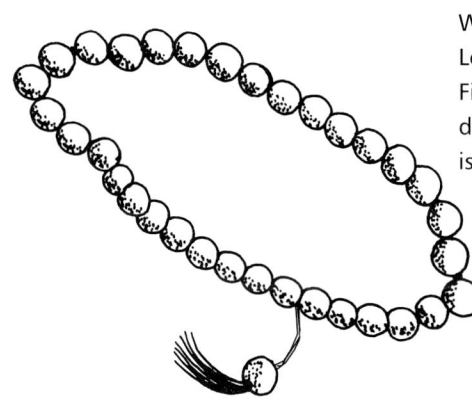

- *Welche Auswirkungen hat diese Form des Betens auf den Tagesablauf von Muslimen?*

- *Welche Voraussetzungen muss das Lebensumfeld von Muslimen erfüllen, damit sie ihrer Pflicht ungehindert nachkommen können?*

- *In Deutschland leben sehr viele Muslime. Findest du, dass hier genügend Rücksicht auf die muslimische Pflicht des Gebets genommen wird?*

- *Wo könnten bessere Voraussetzungen geschaffen werden? Unterhalte dich darüber mit dir bekannten Muslimen und frage sie nach ihrer Meinung!*

- *Du bist bei einer muslimischen Familie zu Gast. Eure Unterhaltung wird unterbrochen und die Familie beginnt sich auf das Gebet vorzubereiten. Wie verhältst du dich?*

- *Zur Diskussion:*
  In Universitäten und einigen großen Firmen wurden für Muslime bereits Gebetsräume eingerichtet. So haben sie dort die Möglichkeit, ungestört ihren Gebeten nachzukommen. Was haltet ihr von dieser Lösung? Sollten sich andere Firmen oder z.B. eure Schule daran ein Beispiel nehmen oder ist das zu viel Rücksichtnahme?

Das Fasten

Im islamischen Monat Ramadan besteht für Muslime das Gebot des Fastens. In dieser Zeit dürfen sie von Sonnenauf- bis Sonnenuntergang weder feste noch flüssige Nahrung zu sich nehmen. Fasten ist für einen Muslim nicht nur eine heilige Pflicht, sondern auch eine große Ehre. So fragt man sich beispielsweise während des Ramadan zur Begrüßung: „Fastest du?" und antwortet mit: „Gott sei Lob und Dank". Das gesellschaftliche Leben wird auf den Abend und die Nacht verschoben. Dann findet ein geselliges Beisammensein mit Familie und Freunden statt, das mit festlichen und langen Mahlzeiten verbunden ist.

- *Welche Folgen hat das Fasten für den normalen Tagesablauf in Schule und Beruf?*

- *In Deutschland ist die Mehrheit der Bevölkerung christlich, fastet also nicht zu dieser Zeit. Welche Probleme ergeben sich daraus für die muslimischen Bürger? Befragt muslimische Schulkameraden, Nachbarn oder Bekannte, was ihnen in dieser Zeit besonders schwer fällt.*

- *Du hast Geburtstag und möchtest einige Freunde an einem Samstag zum Mittagessen einladen. Ein muslimischer Freund teilt dir mit, dass er gerne kommt, aber leider nichts essen kann, weil gerade Ramadan ist. Wie reagierst du?*

© Verlag an der Ruhr • Postfach 10 22 51 • 45422 Mülheim an der Ruhr • www.verlagruhr.de

Ein kleiner Benimm-Kurs
für Anfänger und Fortgeschrittene

Man kann von Benimm-Regeln halten, was man will. Einige von euch finden sie vielleicht äußerst uncool oder völlig überflüssig – aber sie helfen Menschen im täglichen Umgang miteinander.

Der irische Schriftsteller Jonathan Swift (1667–1745) sagte zu diesem Thema einmal:
„Gutes Benehmen ist die Kunst, den Menschen unseren Umgang angenehm zu machen."

Überall, wo Menschen verschiedenen Alters, verschiedener Interessensgruppen und verschiedener Herkunft auf engem Raum zusammenleben, sind bestimmte Verhaltensregeln eine notwendige Verständigungsgrundlage. Davon profitieren alle Beteiligten:

1. **Die anderen:** Wenn ihr mit eurem Verhalten den Erwartungen anderer Menschen ein bisschen entgegenkommt, fühlen sie sich respektiert und verstanden. So kann man leichter miteinander reden, Missverständnissen vorbeugen und eine gemeinsame „Basis" finden.

2. **Ihr selbst:** Verschiedene Situationen erfordern verschiedenes Verhalten. Wenn ihr über ein gewisses Repertoire an Benimm-Regeln verfügt und wisst, welches Benehmen wann angebracht ist, bringt euch so schnell nichts in Verlegenheit. Dann meistert ihr auch unbekannte Situationen mit fremden Menschen.

■ *Habt ihr selbst schon einmal Situationen erlebt, in denen ihr nicht sicher wart, wie ihr euch jemandem gegenüber verhalten solltet? Hätten euch in diesen Situationen Benimm-Regeln weitergeholfen?*

■ *Sammelt Beispiele für Alltagssituationen, in denen bestimmte Benimm-Regeln hilfreich sein können.*

Richtiges Verhalten ...

... in Gesprächen

Um ein (für beide Seiten) angenehmes Gespräch mit einer anderen Person führen zu können, muss man im Grunde nur eine Faustregel beachten: *Ein Gespräch sollte aufgebaut sein wie ein Ping-Pong-Spiel!*

■ *Was ist mit diesem Vergleich wohl gemeint?*

Wenn man diese Regel des Zuhörens beachtet, signalisiert man seinem Gesprächspartner, dass man sich für ihn und das, was er zu sagen hat, interessiert. Das ist ein deutliches Zeichen von Respekt und Wertschätzung. Schaut man während des Gesprächs dagegen in der Gegend umher oder lässt sich durch Nebensächlichkeiten ablenken, bedeutet das, dass man eigentlich lieber etwas anderes machen würde als sich mit ihm zu unterhalten.

Zum Zuhören gehört:
• seinen Gesprächspartner direkt anzuschauen (in unserem Kulturkreis).
• aufmerksam zu sein, d.h. richtig „hinzuhören", was der andere sagt.
• den anderen unbedingt ausreden zu lassen, bevor man etwas erwidert.
• auf die Dinge einzugehen, die der Gesprächspartner anspricht und sie eventuell zu kommentieren.

Zum Reden gehört:
• deutlich und verständlich zu sprechen.
• auf Fragen oder Bemerkungen des anderen einzugehen.
• Wortwahl und Lautstärke an seinen Gegenüber und die Situation anzupassen. (Z.B. sollte man einen älteren Herrn nicht unbedingt mit „Hey Alter" anreden. In einem Raum mit vielen fremden Leuten sollte man nicht so laut reden, dass alle Anwesenden zum Zuhören gezwungen sind.)

Ein kleiner Benimm-Kurs für Anfänger und Fortgeschrittene

Richtiges Verhalten ...
... beim Telefonieren

Auch beim Sprechen kann man sich respektvoll oder ablehnend verhalten. Wenn man seinen Gesprächspartner „zuschwallt", undeutlich oder abgehackt spricht, gibt man ihm keine Chance, sich an dem Gespräch zu beteiligen. So ein Verhalten lässt erst gar keine Unterhaltung aufkommen.

Richtige Gespräche kann man nicht so gut vorbereiten und vor anderen vorführen, ohne dass die Situation künstlich wirkt. Schwierig wird es ohnehin erst bei spontanen Gesprächen – vor allem, wenn Meinungsverschiedenheiten auftauchen. Was ihr trotzdem üben könnt:

■ *Achtet eine Zeit lang bei alltäglichen Gesprächen besonders sorgfältig auf euer eigenes Verhalten und das der anderen und teilt euch anschließend eure Beobachtungen mit.*

■ *Nehmt eine dieser beliebten Nachmittags-Talkshows auf Video auf und schaut sie gemeinsam an. Führen die Talk-Gäste „gute" Gespräche oder verstoßen sie gegen bestimmte Regeln? (Hierbei kann man auch gut Körperhaltungen, Gesten und Blicke analysieren!)*

Beim Telefonieren sollte man, bevor man zum Hörer greift, zunächst überlegen, was man von seinem Gesprächspartner will. Kennt man denjenigen gut, kann das Gespräch ganz spontan und ungezwungen ablaufen. Hat man es jedoch mit einer fremden Person zu tun, ist es ganz hilfreich, sich vorher ein paar Sätze zurecht zu legen und sie eventuell auch zu notieren. Auch wenn man seinen Gesprächspartner gut kennt, sollte man, wie bei jedem anderen Gespräch auch, die Wortwahl der Situation und dem Partner anpassen.

Zwei Möglichkeiten, ein Telefonat zu führen:

✆ Hier ist Kai, is' Sabrina da?	✆ Guten Tag (oder Hallo), hier ist Kai. Kann ich bitte Sabrina sprechen?
✆ Ne, die is' weg.	✆ Nein, tut mir Leid. Sabrina ist vor fünf Minuten zu einer Freundin gegangen.
✆ Okay, kann man nix machen. Tschüss!	✆ Ach so, schade. Können Sie ihr bitte ausrichten, dass ich angerufen habe? Ich probier' es dann später noch mal. Auf Wiederhören (oder Tschüß).

■ *Welche Informationen fehlen beim linken Gespräch dem Anrufer, welche dem Empfänger?*

■ *Beim Telefonieren sieht man seinen Gesprächspartner nicht. Überlege, worauf es bei dieser speziellen Art von Kommunikation ganz besonders ankommt.*

Formelle Telefongespräche

Unangenehm können Telefongespräche sein, bei denen man seinem Gesprächspartner gar nicht kennt und am Telefon etwas aushandeln oder abmachen will oder bestimmte Informationen benötigt. Das kann z.B. ein Termin zu einem Vorstellungsgespräch sein, den man am Telefon ausmacht oder eine Behörde, bei der man Auskünfte einholen will. Als zusätzliche Schwierigkeit kommt bei solchen Gesprächen hinzu, dass man oft mehrmals weiterverbunden wird, bis man an der richtigen Stelle landet, und dabei unter Umständen die Nerven verliert. Außerdem kommt es oft darauf an – besonders bei Bewerbungen – einen guten Eindruck bei dem Gesprächspartner zu hinterlassen.

Ein kleiner Benimm-Kurs für Anfänger und Fortgeschrittene

■ *Trainiert die folgenden formellen Gesprächssituationen mit einem Partner. Wechselt anschließend die Rollen. Um ein Telefongespräch möglichst realitätsnah nachzustellen, könnt ihr auch eine Sichtwand zwischen euch aufbauen. Mögliche Trainingssituationen können sein:*

- Du erkundigst dich nach einem Praktikumsplatz in einem Betrieb.
- Du antwortest auf die Anzeige einer Firma, die Aushilfskräfte sucht.
- Du hast deinen Personalausweis verloren und möchtest dir einen neuen ausstellen lassen.
- Du erkundigst dich nach den günstigsten Zugverbindungen zu einem bestimmten Ort.

Tipps zur richtigen Gesprächsführung:

- Überlege dir, was du erfahren/erreichen möchtest und notiere dir einige Sätze/Formulierungen auf einem Zettel.
- Gehe diese vor dem Telefonat durch. Du kannst sie auch laut aufsagen, solltest aber nichts auswendig lernen. Das wirkt unnatürlich und außerdem könntest du in deinem Text stecken bleiben.
- Erkundige dich vorher, welche Person oder Abteilung für dein Anliegen zuständig ist. So vermeidest du, dass man dich mit den falschen Personen verbindet.
- Gut ist, wenn du vorher schon den Namen deines Gesprächspartners kennst. Es macht sich immer gut, wenn man denjenigen mit Namen ansprechen kann.
- Stelle dich deinem Gesprächspartner vor; umreiße kurz, worum es dir geht; achte dabei auf die Wortwahl.
- Nenne klar dein Anliegen und stelle gezielte Fragen. Nervöses und umständliches „Herumdrucksen" signalisiert Unsicherheit und eine schlechte Vorbereitung.
- Bedanke dich zum Schluss für das Gespräch bzw. die Auskünfte.

Handys

So praktisch Handys auch sind und so „in" sie auch sein mögen: Nicht überall ist ein Privatgespräch übers Telefon angebracht. Wo andere Leute gestört werden oder Begleiter sich zurückgesetzt fühlen, sollte das Handy ausgeschaltet bleiben.

Buchtipps:

*Maro, Fred: **Du gehst mir auf den Geist**. Spontan kommunizieren – Die Haltung wahren – Den richtigen Ton finden.*
Walhalla u. Pretoria, 2000.

*Schott, Johanna/ Steinke, Klaus: **Souverän telefonieren**. Den richtigen Ton finden. Was Ihre Stimme verrät. Tipps und Tricks zum Telefonieren.*
Walhalla u. Praetoria, 1999.

■ *An welchen Orten oder in welchen Situationen fühlt ihr euch gestört, wenn andere ein Handy benutzen?*

■ *Wann und wo, glaubt ihr, fühlen sich andere Menschen garantiert gestört, wenn euer Handy klingelt? Erstellt eine Liste mit Orten, an denen Handys tabu sein sollten.*

■ *Welche Orte kennt ihr, an denen die Handy-Benutzung schon jetzt verboten ist?*

■ *Versetzt euch in die folgenden Situationen und spielt sie spontan weiter. Fragt euch dabei:*

- Wie reagiere ich wirklich in einer solchen Situation?
- Was wäre die höflichste Art zu reagieren?

1. Du sitzt mit einer Freundin in einem Café. Ihr seid gerade in ein spannendes Gespräch vertieft, als plötzlich dein Handy klingelt.

2. Du sitzt in der Straßenbahn neben einer dir unbekannten Person. Da klingelt dein Handy.

3. Im Kino bemerkst du, dass der Film Überlänge hat und du deshalb zu spät zur nächsten Verabredung kommen wirst. Ein kurzer Anruf oder eine SMS könnte deine wartende Freundin informieren.

Ein kleiner Benimm-Kurs für Anfänger und Fortgeschrittene

Richtiges Verhalten …
… in der Computer-Kommunikation

Auch mit Hilfe des Computers kann man kommunizieren. E-Mails zu verschicken oder zu chatten wird immer beliebter. Unter gewissen Umständen kann auch diese Art von Kommunikation schief laufen.

Anders als bei einem Telefonat, wo immerhin die Stimme zu hören ist, oder noch besser im direkten Gespräch, in dem man Stimmungen noch zusätzlich mit Gesten und Mimik ausdrücken kann, gibt es in einem „elektronischen Gespräch" kaum Möglichkeiten, seinen Worten eine bestimmte Bedeutung zu verleihen (sie z.B. besonders zu betonen, abzumildern oder ironisch klingen zu lassen). Das Ergebnis ist: Man wird leicht missverstanden.

Möglichkeiten, bei der Computer-Kommunikation Missverständnissen vorzubeugen:

- Schreibe nur, was du auch wirklich meinst.
- Frage dich dabei immer, wie deine Nachricht beim Empfänger ankommen wird. (Kennt der Empfänger dich z.B. gut genug um ironische Bemerkungen auch als solche zu verstehen?)
- Verwende Abkürzungen nur, wenn du sicher bist, dass sie auch verstanden werden. (Z.B. **Ic** für *I see* = Ach so; **G** für *giggle* = kichern; **Ttyl** für *Talk to you later* = wir sprechen uns später …)
- Speziell beim Chatten: Vergiss nie, dass du eventuell mit Menschen „redest", die nicht deinem gewohnten Umfeld entstammen. Hier sind Respekt, Toleranz und Verständnis gegenüber Andersdenkenden unbedingt notwendig.

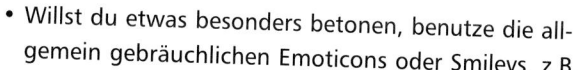

- Willst du etwas besonders betonen, benutze die allgemein gebräuchlichen Emoticons oder Smileys, z.B.

:-)	Lächeln	:)	Gute Laune, Freude
;-)	Augenzwinkern (ironisch)	:-/	Verärgerung

Diese „Gesichter" erkennt man übrigens am besten, wenn man seinen Kopf nach links neigt. Mehr davon gibt es für alle Interessierten z.B. unter **www.hiphop.de/info/online_knigge.html**

Höflichkeit
und gutes Benehmen © Verlag an der Ruhr • Postfach 10 22 51 • 45422 Mülheim an der Ruhr • www.verlagruhr.de

Ein kleiner Benimm-Kurs für Anfänger und Fortgeschrittene

Richtiges Verhalten ...

... bei der Begrüßung

Begrüßt man seine Freunde oder Familienmitglieder, verhält man sich so, wie man es gerade für richtig hält. Keiner kommt auf die Idee, darüber nachzudenken, ob er sich dabei falsch verhält. Außerhalb des Freundeskreises oder der Familie kann aber ein in die Runde gebrülltes „Hi, wie läuft's?" die anderen Anwesenden ganz schön irritieren. Um also Peinlichkeiten zu vermeiden, sollte man für alle Fälle auch ein paar Begrüßungs-Grundregeln kennen:

Die übliche Form
(gilt nicht für alle Länder)

• Man schaut sich in die Augen und gibt sich gegenseitig die rechte Hand. Die Hand seines Gegenübers drückt man kurz und kräftig (bitte keine Waschlappen-Hände, die wirken lustlos oder unsicher). Ein leichtes Kopfnicken kann die Begrüßung unterstützen, ein freundliches Lächeln schafft Sympathien.

• Sitzen bereits mehrere Leute an einem Tisch, kann man zur Begrüßung auch zweimal kurz auf den Tisch klopfen. So erspart man sich das in diesem Fall umständliche Händeschütteln. (Diese Begrüßung gilt aber nur in eher „zwanglosen" Situationen, d.h. unter Personen, die sich bereits kennen.)

Die Vorstellung
a) zwischen einzelnen Personen

Häufig kommt man in die Situation, fremde Leute einander vorstellen zu müssen. Um dabei unbeabsichtigte Beleidigungen zu vermeiden, gibt es auch hier eine feststehende Reihenfolge: **Vorgestellt wird** (ähnlich der Begrüßungsreihenfolge)

• der Mann der Frau
• die jüngere Person der älteren Person
• der Rangniedrige dem Ranghöheren
• der Bekannte dem Fremden
• der Inländer dem Ausländer
• der Anwesende dem neu Hinzukommenden

Um einander fremden Menschen den Einstieg in eine Unterhaltung zu erleichtern, kann man bei der Vorstellung noch eventuell vorhandene gemeinsame Interessen oder etwas anderes Verbindendes erwähnen, wie: „David und ich kennen uns vom Fußballplatz, er spielt in meinem Verein!" oder: „Kathrin würde genauso gerne in einer Band spielen wie du. Sie spielt übrigens Gitarre." (Intimitäten sollte man dabei aber besser vermeiden!)

die **Grude,** -/-n, 1) koksartiger Heizstoff, *Abb. O1.* 2) Grudeofen mit Wärmeröhre, Grudeherd, *Abb.* | Gründen; einer Sache auf den G. gehen; im Grunde, wenn man auf den Kern fieht; eine

(aus: Der Sprach-Brockhaus, Leipzig, 1935)

Die Reihenfolge
Einem alten Aberglauben zufolge bringt es Unglück, sich die Hände über Kreuz zu reichen. Stehen sich also zwei Paare gegenüber, löst man dieses Problem folgendermaßen:

• Zuerst reichen sich beide Frauen die Hände (diagonal, sofern die Frauen rechts vom Mann stehen).
• Dann reichen sich die beiden jeweils gegenüber Stehenden die Hände (parallel).
• Zuletzt begrüßen sich die beiden Männer (wieder diagonal).

Da sich natürlich nicht nur Paare begrüßen, gibt es auch für jede nur erdenkliche andere Konstellation eine vorgeschriebene Reihenfolge: Zuerst begrüßt man immer die Frau, dann den Mann, die ältere Person vor der jüngeren Person, den Fremden vor dem Bekannten und den Ausländer vor dem Inländer. Im Berufsleben gilt zusätzlich: Die ranghöhere Person wird vor der rangniedrigeren Person begrüßt.

b) im größeren Kreis
Kommt jemand neu zu einer größeren Gruppe hinzu, kann er auch allen gemeinsam vorgestellt werden. Schwieriger wird es, wenn die Zahl der Personen, die einander vorgestellt werden, sehr groß ist, wie z.B. auf Festen. Wenn sich bereits eine Gruppe von Personen im Raum zusammengefunden hat, sollte der Gastgeber jeden der Anwesenden der neu hinzukommenden Person mit Namen vorstellen. Bei sehr großen Gruppen kann man das Sich-Bekannt-Machen auch den Gästen selbst überlassen.

Richtiges Verhalten ...

... bei Bewerbungsgesprächen

Man kann auch bestimmte Personen gezielt kleineren Gruppen vorstellen. Meistens „verselbstständigt" sich jedoch eine Gesellschaft: Es bilden sich Grüppchen und die Gäste lernen sich selbst kennen.

c) im Sitzen

Wenn eine Frau zu einer Gruppe sitzender Männer hinzutritt, ist es üblich, dass sich die Sitzenden leicht erheben, wenn sie vorgestellt werden. Umgekehrt können Frauen jedoch sitzen bleiben, wenn sie hinzukommenden Personen vorgestellt werden.

- **Spielt diese Begrüßungs-Rituale in kleinen Szenen in der Klasse nach.**

- **Beobachtet Begrüßungsrituale „vor Ort", z.B. auf Festen, in Cafés und Restaurants oder im Fernsehen bei bestimmten (festlichen) Anlässen.**

Ein Training für Einsteiger

Bewerbungsgespräche zählen zu den Situationen im Leben, in denen es besonders darauf ankommt, „einen guten Eindruck zu machen". Spätestens für diesen Anlass lohnt es sich daher, ein paar Benimm-Regeln zu beherrschen.

Mit Hilfe der folgenden Checkliste kannst du überprüfen, ob du für ein Vorstellungsgespräch fit bist.

Zuallererst

Die Firma/der Betrieb sucht zwar einen geeigneten Auszubildenden, aber vergiss nie: Du suchst dafür einen geeigneten Job. Wenn du dir deutlich machst, dass du dich genauso für oder gegen diese Stelle entscheiden kannst wie dein Gesprächspartner sich für oder gegen dich entscheiden kann, fühlst du dich gleich selbstbewusster – und das wird weder dir noch dem Gesprächsverlauf schaden.

Wahrscheinlich ist jeder Mensch vor Bewerbungsgesprächen nervös – das ist erstens normal und zweitens auch dem Gesprächspartner bekannt. Durch sorgfältige Vorbereitung kann man seine Nervosität aber in erträglichem Rahmen halten. Was ist dabei zu beachten?

Die inhaltliche Vorbereitung

Sammle so viele Informationen über den gewählten Beruf und die angeschriebene Firma wie möglich. Wichtige Informationen könnten z.B. sein:
- Wie lange existiert die Firma schon?
- Was produziert sie oder welche Dienstleistungen bietet sie an?
- Welche Philosophie vertritt die Firma (eher konservativ/seriös oder modern/am Puls der Zeit)?
- Welche Bereiche gehören zu dem Job, um den du dich bewirbst?

Solche Informationen bekommt man z.B. über die Firmenhomepage, falls eine solche existiert. Ansonsten kann man sich auch beim Arbeitsamt erkundigen. Mit Vorstellungsgesprächen verhält es sich genau wie mit Klassenarbeiten: Je mehr man weiß, desto ruhiger und zuversichtlicher geht man an sie ran.

Das Gespräch selbst

- Komme pünktlich, also weder vor noch nach der angegebenen Zeit (wobei ein bisschen früher zu erscheinen das Bemühen um Pünktlichkeit signalisiert, also so schlecht nicht sein kann)!
- Trage möglichst neutrale Kleidung! Am besten etwas Schickes, in dem du dich aber trotzdem wohl fühlst. Nur so kannst du natürlich wirken. Je nach Beruf wird jedoch möglicherweise auch ein Anzug oder Kostüm erwartet. Erkundige dich vorher über die Art der Kleidung.
- Gerate nicht in Panik, wenn statt einer auf einmal zwei oder drei Personen vor dir stehen, die sich mit dir unterhalten wollen.

Ein kleiner Benimm-Kurs für Anfänger und Fortgeschrittene

Denke einfach daran, dass Bewerbungsgespräche auch für die „andere Seite" stressig sind und der Beistand von Kollegen deswegen gerne in Anspruch genommen wird.

- Begrüße alle Anwesenden mit freundlichem Lächeln und festem Händedruck. Stelle dich dabei mit vollem Namen vor und versuche, dir die genannten Namen zu merken.
- Setz dich erst nach Aufforderung auf den dir gezeigten Platz. Nimm eine bequeme Haltung ein und vermeide aufgeregtes Herumzappeln.
- Halte während des Gesprächs den Blickkontakt zu demjenigen, der mit dir redet. Sollte das nur einer sein, schaue ihn an, so lange er spricht. Während du antwortest, solltest du hin und wieder auch die anderen Teilnehmer anschauen. (Falls dich der direkte Blickkontakt verunsichert, kannst du dich auch auf die Nasenspitze deines Gegenübers konzentrieren. So stimmt wenigstens die Richtung und dein Blick schweift nicht umher.)
- Höre eventuellen Ausführungen aufmerksam zu und stelle an geeigneten Stellen Fragen. So zeigst du, dass du mitdenkst und ernsthaft interessiert bist.

Deine Gesprächspartner sind keine Übermenschen, deshalb laufen auch viele Vorstellungsgespräche nach einem vorbereiteten Fragenkatalog.

Der Vorteil für dich ist, dass du dir zu manchen häufig gestellten Fragen schon vorher gute Antworten überlegen kannst.

Solche Fragen sind z.B.:

- **Warum haben Sie sich gerade bei uns beworben?**
- **Warum wollen Sie gerade diesen Beruf erlernen?**
- **Was halten Ihre Eltern von Ihrem Berufswunsch?**
- **Welche Erwartungen haben Sie an diese Ausbildung?**
- **Welche Ziele haben Sie nach der Ausbildung?**

- **Was wissen Sie über unser Unternehmen?**
- **Wie würden Sie sich selbst einschätzen?**
- **Erzählen Sie einfach mal etwas über sich!**
- **Wie verbringen Sie Ihre Freizeit am liebsten?**

Übrigens:

Nicht erlaubt sind Fragen nach der Gesundheit, nach Schwangerschaft, Religion oder sexueller Orientierung. Bei solchen Fragen darf man die Antwort verweigern.

■ *Die meiste Sicherheit erhält man durch Üben. Simuliert also solche Bewerbungsgespräche am besten in Partnerarbeit.*

■ *Überlegt euch gemeinsam einen Beruf und eine dazu passende Firma (Größe, Gründungsdatum, Entwicklung, Firmenphilosophie, verschiedene Abteilungen etc.).*

Teil des Gesprächs sollte sein:
- *die Begrüßung,*
- *das Platznehmen,*
- *die Beantwortung obiger Fragen seitens des Bewerbers*
- *Fragen des Bewerbers an seinen Gesprächspartner.*

Dabei solltet ihr auch auf euer Verhalten wie Körpersprache, Blickkontakt u.Ä. achten. Besonders sinnvoll ist, solche Gespräche auf Tonband oder Video aufzunehmen, damit man sich hinterher selbst beobachten kann.

Höflichkeit
und gutes Benehmen   © Verlag an der Ruhr • Postfach 10 22 51 • 45422 Mülheim an der Ruhr • www.verlagruhr.de

Ein kleiner Benimm-Kurs für Anfänger und Fortgeschrittene

Richtiges Verhalten ...

... bei Tisch

Tischsitten (allgemein)

Ein Essen mit Freunden oder der Familie bedeutet nicht nur bloße Nahrungsaufnahme. Nett zusammensitzen, etwas Leckeres essen und sich danach noch unterhalten – mit dem richtigen „Drumherum" kann eine gemeinsame Mahlzeit zu einem ausgesprochen netten Beisamensein werden. Hier wie überall gilt aber – das Umfeld bestimmt, welches Benehmen angebracht ist.

Sitzt man mit Freunden zusammen im Zimmer und balanciert – weil kein Tisch da ist – die gerade gelieferte Pizza im Pappkarton auf seinen Knien, ist das sicher für alle Beteiligten ganz o.k.

Ist man dagegen zum Abendessen bei den Eltern seines Freundes eingeladen, erwarten diese sicher mehr als das. Und vor allem in einem Restaurant, wenn neben den Bekannten auch noch fremde Leute zugucken, sind gute Tischsitten ausgesprochen hilfreich. Man erweist damit den anderen Anwesenden gegenüber Respekt, weil man sie nicht mit seinen persönlichen Macken (lautes Schmatzen, Besteckgeklapper o.Ä.) belästigt.

■ *Spielt die hier vorgestellten Tischsitten nach. Richtig anschaulich wird es, wenn ihr sowohl gute als auch abschreckende Beispiele demonstriert. (Bei den benötigten Utensilien wie Esswaren oder Besteck könnt ihr improvisieren.)*

Was ist ein Gedeck?

Das Gedeck besteht aus allem, was man braucht, um sein Essen zu sich zu nehmen. Dazu gehören sämtliche Geschirrteile, Gläser, Besteckteile und die Serviette.

Die Benutzung der Gedeckteile

• Die Wahl des Geschirrs und des Bestecks trifft der Gastgeber. Auch hier gilt es bestimmte Regeln zu beachten, die den Gast jedoch nicht betreffen.

• Die Benutzung des Bestecks ist schon etwas komplizierter. Vor allem wenn das Essen aus mehreren Gängen (z.B. Vorspeise, Hauptgericht, Nachspeise) besteht, da für jeden Gang ein anderes Besteck benutzt wird. Für dieses Problem gibt es aber eine rettende Faustregel: **Das Besteck wird immer von außen nach innen benutzt, dann von oben nach unten – also immer Richtung Teller.**

> **Tipp:** Erkundigt euch in einem Restaurant, was bei der Auswahl des Geschirrs und Bestecks beachtet werden muss und wie es angeordnet sein sollte.

Die „Bestecksprache"

Je nachdem wie man Messer und Gabel auf seinen Teller legt, teilt man dem Gastgeber (zu Hause) oder der Bedienung (im Restaurant) einen bestimmten Wunsch mit. Es gibt drei verschiedene Variationen, mit Hilfe seines Bestecks zu „sprechen":

> ┌─────────────────┐
> │   *Die*   │
> │ *„Hardware"*   │
> └─────────────────┘

Ich habe noch Hunger und würde mich freuen, wenn man mir etwas nachreichen könnte.

Ich lege gerade eine kleine Pause ein und esse gleich weiter.

Ich werde nicht mehr weiteressen. Mein Teller kann abgeräumt werden.

Ein kleiner Benimm-Kurs für Anfänger und Fortgeschrittene

Die Serviette

Die Serviette erfüllt im Wesentlichen zwei Funktionen: Als Teil der Tischdekoration schmückt sie zum einen den Tisch, zum anderen soll sie die Kleidung schützen und Hände und Mund von Essensresten befreien. Weiß man nicht, wohin man sie legen soll, kann man schnell hilflos wirken.

Falsch ist,

- die Serviette während des Essens unberührt liegen oder stehen zu lassen.
- sie als „Lätzchen" mit der Spitze hinter sein Oberteil zu klemmen und vor der Brust baumeln zu lassen.

Richtig ist,

- die Serviette vor Beginn des Essens auseinander zu falten und auf seinen Schoß zu legen, wo sie während des Essens bleibt.
- sie mit der benutzten Seite nach innen, locker gefaltet, auf seinen Stuhl zu legen, falls man während des Essens aufsteht.
- sie nach dem Essen leicht zusammengefaltet vor sich auf den Tisch zu legen (aus Gründen der Mülltrennung heutzutage nicht mehr auf den Teller).

Wie isst man richtig?

Das „richtige" Essen wird in verschiedenen Ländern unterschiedlich gehandhabt. In England oder den USA zerteilt man z.B. alles auf dem Teller angerichtete Essen zuerst in mundgerechte Stücke.

Dann legt man das Messer weg und beginnt mit der Gabel zu essen. Die freie Hand bleibt während des Essens unter dem Tisch. (Ungewöhnliches Essverhalten sollte man also auf keinen Fall verspotten – man weiß schließlich nie, wo die betreffende Person zu essen gelernt hat.)

In Deutschland üblich

(für Rechtshänder; Linkshänder sollten die folgenden Angaben einfach umdrehen)

Man schneidet jeweils nur ein mundgerechtes Stück ab und führt es direkt mit der Gabel zum Mund. Auch wenn man die Gabel benutzt, bleibt das Messer in der rechten Hand. Sind auf dem Teller ausschließlich Speisen, die mit der Gabel gegessen werden können, benutzt man dazu die rechte Hand. Die linke Hand liegt währenddessen ruhig auf dem Tisch (bitte nur die Hand, nicht der gesamte Arm). Möchte man eine Pause einlegen oder etwas trinken, werden Messer und Gabel kurz auf den Teller gelegt. Eine Faustregel, an die man sich unbedingt halten sollte, lautet:

Das Essen wird zum Mund geführt, nicht der Mund zum Essen!

(Wobei dieser Spruch – denkt man z.B. an Erbsen auf einer Gabel – nicht immer ganz leicht zu befolgen ist.)

Das Reden bei Tisch

Hier gibt es nur drei wichtige Regeln:

1. Man spricht nicht mit vollem Mund.
   (An dieser alten Regel hat sich bis heute nichts geändert.)
2. Fragt man nach etwas, sollte man „bitte" und „danke" nicht vergessen.
3. Sitzt man in einer größeren Runde zusammen, sollte man seine Gespräche auf die Tischnachbarn oder sein Gegenüber beschränken, um den Lärmpegel erträglich zu halten.

> Die „Software"

■ *Spielt die folgende Szene mit verteilten Rollen nach:*
Die Eltern deines neuen Freundes/deiner neuen Freundin haben euch beide zum Essen eingeladen. Überlegt euch vorher, was bei dieser Begegnung auf beiden Seiten wichtig ist und was man vermeiden sollte.

Nutzt dazu euer Wissen aus dem „kleinen Benimm-Kurs". Die Rahmenvorgaben:
- *Du triffst die Eltern deines Freundes/deiner Freundin zum allerersten Mal.*
- *Es gibt ein Essen mit Vor-, Haupt- und Nachspeise. Eines dieser Gerichte magst du überhaupt nicht.*

© Verlag an der Ruhr • Postfach 10 22 51 • 45422 Mülheim an der Ruhr • www.verlagruhr.de

Ein kleiner Benimm-Kurs für Anfänger und Fortgeschrittene

Speziell im Restaurant:

Wie man einen Tisch findet

In manchen Restaurants kann man den Tisch frei wählen, anderswo dagegen ist es üblich, von einem Kellner zu einem passenden Tisch geführt zu werden. Ist man beim Betreten des Restaurants darüber nicht informiert, sollte man nicht direkt zum nächsten freien Tisch stürmen. Im Allgemeinen merkt man sehr schnell, ob sich ein Kellner helfend auf einen zubewegt. Ist ein Tisch reserviert worden, spricht man einen Kellner darauf an.

Die Garderobe

Mitgebrachte Jacken oder Mäntel gehören an die dafür vorgesehenen Garderobenständer oder -haken. Man sollte es vermeiden, sie einfach über die Stuhllehne zu hängen. Das hat ganz praktische Gründe: Dort abgelegt, fallen sie schnell mal zu Boden und sind dann gefährliche Stolperfallen für die umherlaufenden Kellner. Außerdem erschweren sie dadurch, dass sie Platz wegnehmen, das Servieren der Speisen und Getränke am Tisch. Sie an den entsprechenden Stellen aufzuhängen, sieht also nicht nur ordentlicher aus – es ist auch noch ein Zeichen der Rücksichtnahme gegenüber dem Personal und dessen Arbeit.

Die Unterhaltung bei Tisch

Hier gilt dasselbe, was auch im privaten Rahmen gilt. Hinzu kommt allerdings, dass man noch mehr als bei privaten Gastgebern darauf achten sollte, mit leicht gedämpfter Stimme zu reden. Fremde Gäste an den Nebentischen interessiert meistens nicht, was man seinen Tischnachbarn erzählt.

Das Herbeirufen des Kellners

Nichts ist schlimmer als lautstark und quer durchs Restaurant „Herr Ober" zu brüllen. Sehr viel besser ist, den Blickkontakt zu suchen und ihn dann dezent heranzuwinken. Ebenso möglich ist es, einen vorbeilaufenden Kellner mit der Anrede „Entschuldigung" oder „Herr Ober" zu stoppen. Sollte der dann nicht für diesen Tisch zuständig sein, wird er – wenn alles gut läuft – seinen Kollegen benachrichtigen.
Hat man das Gefühl zu lange warten zu müssen, steht man kurz auf und geht auf den Kellner zu. Aber auch dann ist Freundlichkeit angesagt.

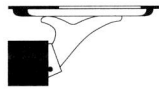

Die Rechnung

In gehobeneren Restaurants wird die Rechnung auf Aufforderung verdeckt an den Tisch gebracht (z.B. in einer kleinen Mappe) und demjenigen überreicht, der nach ihr gefragt hat, da man ihn für den Gastgeber hält. Handelt es sich um eine Einladung, wird der Gastgeber den Rechnungsbetrag plus Trinkgeld in die Mappe oder einfach zu der Rechnung legen, die der Kellner dann wieder mitnimmt. Hat der Gastgeber das Geld nicht passend zur Verfügung, legt er den nächsthöheren Betrag zur Rechnung. Der Kellner kommt dann mit Rechnung und Wechselgeld zurück, von dem man dann das entsprechende Trinkgeld abzweigt und erneut zur Rechnung legt.

Vermeiden sollte man in so einer Situation:

- eine Diskussion zu beginnen, wer zahlen darf (so etwas sollte geklärt sein, bevor man um die Rechnung bittet).
- dass jeder seinen eigenen Betrag zahlen möchte und deshalb ein chaotisches Zusammenrechnen und Geld-Zusammenlegen beginnt. So etwas kostet den Kellner viel zu viel Zeit, die er auch anderen Gästen zur Verfügung stehen muss. Will man trotzdem getrennt bezahlen, streckt einer den Gesamtbetrag vor und bekommt das Geld hinterher von den anderen zurück.

Wesentlich zwangloser sind natürlich Restaurants oder Lokale, in denen der Kellner mit einem Rechnungsblock erscheint und „Wer zahlt was" in die Runde fragt, bzw. Strichlisten auf Bierdeckeln führt. Hier kann man direkt getrennt bezahlen, ohne dass es peinlich wirkt.

Das Trinkgeld

Zu viel Trinkgeld zu geben wirkt genauso peinlich wie zu wenig zu geben. Allgemein gilt die Regel: etwa 10% vom Rechnungsbetrag. Krumme Beträge werden dabei nach oben aufgerundet. Ist die Rechnung besonders niedrig, sollte man die 10% überschreiten. Weniger als 50 Cent zu geben wirkt generell peinlich.

Höflichkeit **und gutes Benehmen** © Verlag an der Ruhr • Postfach 10 22 51 • 45422 Mülheim an der Ruhr • www.verlagruhr.de

Ganz wie zu Hause? –
Das Benehmen in der Öffentlichkeit

Das Leben spielt sich nicht nur in der Schule oder zu Hause ab, wo man sich auf bekanntem Gebiet bewegt und die Gewohnheiten und Erwartungen der anderen kennt. Eigentlich ist die Freizeit der beste Teil des Tages. Gerade in der Freizeit begegnet man aber den verschiedensten Menschen, die man, im Gegensatz zu Klassenkameraden und Familienmitgliedern, wenig oder gar nicht kennt. Damit für diese Menschen der Spaß nicht aufhört, wenn er bei uns anfängt, ist gutes Benehmen hier besonders gefragt.

Ein Interview

Besonders Menschen, die in den sogenannten Dienstleistungsberufen arbeiten, haben oft mit unfreundlichen, gestressten Kunden zu tun. Umgekehrt sind die „Dienstleister" manchmal selbst genervt und reagieren dann nicht immer so freundlich, wie man es von ihnen erwartet.

■ *Findet in einem Interview heraus, welche Erfahrungen „Dienstleister" in eurer Umgebung mit Kunden machen.*

Notiert verschiedene „Dienstleistungsberufe", die ihr kennt und die es in eurer Umgebung gibt, sodass ihr eure Interviews ohne großen Aufwand durchführen könnt (z.B. Bus- und Bahnfahrer, Bäcker, Kioskbesitzer, Supermarktkassierer, Kinomitarbeiter, Verkäufer, ...).

■ Erarbeitet in Gruppenarbeit je einen Interviewbogen für jede Berufsgruppe. (Wie so ein Interviewbogen aussehen kann, sehr ihr auf der nächsten Seite.)

■ Überlegt euch einen Termin, an dem ihr das Interview durchführen wollt. Vielleicht geht das in Absprache mit eurem Lehrer während der Schulzeit, in manchen Berufen wird man vormittags aber niemanden antreffen (z.B. Kinomitarbeiter). Einigt euch in diesem Fall auf einen Nachmittags-Termin, an dem alle aus der Gruppe Zeit haben.

■ Erklärt den Personen, die ihr interviewen wollt, euer Anliegen und bittet sie, eure Fragen zu beantworten. Wenn sie gerade keine Zeit haben, könntet ihr ihnen z.B. anbieten den Interviewbogen dazulassen und am nächsten Tag wieder abzuholen.

■ Wertet alle Bögen nach dem Interview aus:

• Haben die verschiedenen Berufsgruppen gleiche Erfahrungen mit Kunden gemacht?
• Wo gibt es – abhängig vom Beruf – auffällige Unterschiede?

• Sind diese Erfahrungen überwiegend positiv oder negativ?

• Was wünschen sich die befragten Personen von Kunden; wie sieht ihrer Meinung nach der ideale Kunde aus?

■ *Bisher habt ihr immer auf der „anderen Seite" gestanden, also auf der Seite der Kunden. Haben euch – aus der Sicht eurer Interview-Partner – bestimmte Aussagen überrascht?*

■ *Was sagt der Begriff „Dienstleister" über die Erwartungen der Kunden an Menschen aus, die in diesen Berufen arbeiten?*

■ *Was können diese Menschen dann umgekehrt von ihren Kunden erwarten?*

■ *Vergleicht euer Verhalten mit den Erwartungen der von euch interviewten Personen: Seid ihr gute Kunden? Worauf könnt ihr in Zukunft achten, um ihnen ihre Arbeit zu erleichtern?*

Ganz wie zu Hause? – Das Benehmen in der Öffentlichkeit

Beispiel eines Interviewbogens:

Name: _____ *Berufsbezeichnung:* _____

1. Wie lange arbeiten Sie schon in ihrem Beruf? _____

2. Was gefällt Ihnen daran besonders gut?

_____

_____

3. Was gefällt Ihnen gar nicht?

_____

_____

4. Was denken Sie ganz allgemein über die Leute, mit denen Sie täglich zu tun haben?

_____

_____

5. Worüber ärgern Sie sich bei ihren Kunden am meisten?

_____

_____

6. Was würden Sie sich von Ihren Kunden wünschen?

_____

_____

7. Gibt es in Ihrem Arbeitsalltag mehr Anlass zum Ärger oder zur Freude?

_____

_____

8. Wie sieht für Sie der ideale Kunde aus?

_____

_____

☺ *Vielen Dank für Ihre Mühe!*

Höflichkeit *und gutes Benehmen*   © Verlag an der Ruhr • Postfach 10 22 51 • 45422 Mülheim an der Ruhr • www.verlagruhr.de

Ganz wie zu Hause? – Das Benehmen in der Öffentlichkeit

Das Verhalten im Straßenverkehr

Im Straßenverkehr geht es oft rücksichtsloser zu als in vielen anderen öffentlichen Bereichen.

Ob Auto- , Radfahrer, Skater oder Fußgänger: Es scheint, als wäre sich jeder Verkehrsteilnehmer selbst der Nächste und hätte es am eiligsten. Besonders im Straßenverkehr kommt es aber auf gegenseitige Rücksicht an, da man durch rücksichtsloses Verhalten sich und andere gefährdet. Dabei ist es nicht nur eine Frage der Höflichkeit, sondern vor allem auch eine Frage der Sicherheit.

In letzter Zeit mischt jedoch eine neue Gruppe von Verkehrsteilnehmern den Straßenverkehr zusätzlich auf.

Eine Untersuchung des nordrhein-westfälischen Innenministeriums hat ergeben:

(...)

„Mit 73 Verletzten stellen Kinder und Jugendliche unter 15 Jahren mit 58 Prozent den höchsten Verunglücktenanteil und wurden in mehr als der Hälfte der Fälle sogar schwer verletzt", betonte der Minister. 88 Kollisionen gab es zwischen Skatern und Pkw-Fahrern, gefolgt von 32 Zusammenstößen zwischen Skatern und Radfahrern. Verursacher der Unfälle waren in 87 Fällen die Skater selbst, 35mal die Pkw-Fahrer und 18mal die Radfahrer."

Inline-Skating wird in Deutschland immer beliebter. Laut Statistik fährt inzwischen jeder siebte Inline-Skates. Rechtlich gelten Inline-Skater als Fußgänger. „Sie sind aber vier- bis fünfmal schneller, so dass bei einer Kollision die Wucht des Aufpralls auch entsprechend höher ist", warnte Behrens. Dazu kommt das eingeschränkte Bremsvermögen. Bei einer Geschwindigkeit von 20 km/h benötigen sie bis zu acht Meter zum Stoppen – eine doppelt so lange Strecke wie Radfahrer und eine viermal so lange Strecke wie Autofahrer. Verletzungen sind somit bei unvorsichtigem Verhalten oft die Folge.

„Rücksichtnahme und Vorsicht ist von beiden Seiten gefordert, den Skatern und den übrigen Verkehrsteilnehmern", mahnte der Minister. (...) Mit Inline-Skates oder Skateboards steigt die Gefahr (...). „Deshalb gilt die in der Straßenverkehrsordnung vom Autofahrer geforderte geringe Geschwindigkeit und erhöhte Bremsbereitschaft selbstverständlich auch gegenüber skatenden Kindern."

Gleichzeitig ermahnte Behrens aber auch die Skater, ..."

(Quelle: Ministerium für Inneres und Justiz NRW. Bereich Inneres. www. nrw.de/aktuell/ presse/pm99/pl99-002.htm)

■ *Stell dir vor, du wärst zuständig für die Pressearbeit des NRW-Innenministeriums. Welche Verhaltensregeln könnte NRW-Innenminister Behrens den Skatern vermutlich vorschlagen? Schreibe diese Pressemitteilung zu Ende.*

■ *Vergleicht eure Ergebnisse und erstellt eine Liste mit Verhaltensvorschriften für Skater.*

■ *Stellt in einer weiteren Übersicht zusammen, womit man sich selbst das Leben als Verkehrsteilnehmer (Fußgänger, Radfahrer, Skater, Autofahrer ...) erleichtern kann.*

Höflichkeit
und gutes Benehmen   © Verlag an der Ruhr • Postfach 10 22 51 • 45422 Mülheim an der Ruhr • www.verlagruhr.de

Ganz wie zu Hause? – Das Benehmen in der Öffentlichkeit

Benehmen in Bus und Bahn

In einer Umfrage wurden Jugendliche gefragt, welche Verhaltensregeln sie beim Bus- und Bahnfahren wichtig finden. Hier sind einige ihrer Antworten:

„Dass man nicht so tut, als wenn einem alles gehört oder man allein ist."

„Nicht laut durch den Bus brüllen. Niemanden blöd anmachen."

„Dass man sich leise verhält oder dass man nichts im Bus rumwirft, wie Papier und Müll. Oder du darfst nicht rumschreien und man darf nicht rumturnen und rumlaufen."

„Dass man ruhig und leise ist und nicht so auffällt."

„1. Den Walkman nicht so laut hören.
2. Älteren Leuten Platz anbieten."

„Man soll andere Leute nicht stören oder anders belästigen."

„Wenn die Bahn oder der Bus voll ist, und eine alte Frau/ein alter Mann einsteigt, aufstehen."

■ Solche Regeln zu kennen bringt leider nichts, wenn man nicht einsieht, warum man sich an sie halten sollte. Überlegt deshalb gemeinsam, warum gerade in öffentlichen Verkehrsmitteln rücksichtsvolles Verhalten wichtig ist.

■ Fasst die hier genannten Aussagen zu einer „Benimm-Liste" für das Bus- und Bahnfahren zusammen und ergänzt sie mit eigenen Vorschlägen. Vielleicht könnt ihr sie auch in euren Schulbussen aushängen.

■ Habt ihr selbst euch schon mal beim Bus- und Bahnfahren durch das Verhalten anderer gestört gefühlt? Erzählt davon.

■ Befragt Busfahrer (eines öffentlichen Busunternehmens oder des Schulbusunternehmens) welches Verhalten ihrer Fahrgäste sie stört.

Ganz wie zu Hause? – Das Benehmen in der Öffentlichkeit

Vandalismus

Leider kann man in öffentlichen Verkehrsmitteln nicht nur die alltäglichen „Unhöflichkeiten" beobachten, sondern auch Fälle richtiger Zerstörungswut. Und meistens sind Jugendliche und junge Erwachsene die Urheber solcher Zerstörungen. Um dieses Problem in den Griff zu bekommen, haben sich einige Bus- und Bahngesellschaften Lösungsmöglichkeiten überlegt.

Lest, welche Idee z.B. die Bochum-Gelsenkirchener Straßenbahn-Gesellschaft (kurz: BOGESTRA) speziell für Schulbusse hatte:

- **Warum hat die BOGESTRA Schüler ausgebildet, statt offizielle Sicherheitsbeamte einzusetzen?**
  Könntet ihr euch selbst vorstellen, einen Gleichaltrigen oder vielleicht sogar Jüngeren im Ernstfall um Hilfe zu bitten?

- **Sind euch selbst schon mal Zerstörungen in Bussen und Bahnen aufgefallen? Könnt ihr euch denken, warum manche sich gerade dort so richtig „austoben" scheinen?**

Pilotprojekt „Fahrzeugbegleiter"

Vandalismus in öffentlichen Verkehrsmitteln ist ein bekanntes Problem, dass besonders im Schülerverkehr immer wieder auffällt. Um dieses Problem zu lösen, hat die BOGESTRA bereits 1998 beschlossen, mit den betroffenen Schulen und ihren Schülern zusammenzuarbeiten.

Um Zerstörungen und Verunreinigungen von Sitzplätzen und Scheiben sowie Streitigkeiten zwischen den Schülern zu vermeiden, haben die BOGESTRA, die örtliche Polizei und die Schulen das Konzept der „Fahrzeugbegleiter" entwickelt. Grundlage dieses Konzeptes war die Idee: „Schüler helfen Schülern".
Hierfür wurden freiwillige Jugendliche der 7. und 8. Klassen in einem speziellen Programm als „Fahrzeugbegleiter" ausgebildet. Teil dieses Programms war die Ausbildung in Streitschlichtung, Fahrzeugtechnik, Körpersprache und Deeskalationstraining (Strategien zum Umgang mit Gewalt).
Außerdem geübt wurden Freundlichkeit und sicheres Auftreten.
Seit Abschluss des ersten Trainingsdurchgangs schlichten diese jugendlichen „Fahrzeugbegleiter" in den Schulbussen der Stadt Gelsenkirchen Streit und wirken Zerstörungen entgegen. Sie sind die ersten Ansprechpartner für Schüler und Busfahrer.

Das Projekt verbesserte die Situation in den Schulbussen so sehr, dass sich 1999 die Städte Bochum und Witten anschlossen.

- **Gibt es in eurer Stadt ähnliche oder andere Projekte gegen Zerstörung in Schulbussen? Erkundigt euch bei der zuständigen Verkehrsgesellschaft.**

- **Falls nicht, initiiert doch selbst so ein Projekt:**
  Überlegt euch, wie solche Konflikte in öffentlichen Verkehrsmitteln ablaufen könnten und welche Strategien es geben könnte, um sie zu lösen. Traniert dann mögliche Situationen im Rollenspiel mit „Tätern" und „Streitschlichtern".

Graffiti – Kriminelle Kunst?

Beim Stichwort „Vandalismus" denken viele Menschen auch an Graffiti. Was für die einen Kunst ist, stellt für andere wiederum nur eine etwas andere Form von Sachbeschädigung dar. Lies dir die folgenden Informationen über Gaffitis durch, bevor du in eine Diskussion über ihren Sinn oder Unsinn einsteigst.

Info:

Geschichte

Graffiti gibt es eigentlich schon seit ca. 40.000 Jahren – seit Höhlenmenschen ihre Zeichnungen in Höhlenwände ritzten. So lässt sich auch der Begriff „Graffiti" erklären. Er stammt von dem lateinischen „graffiare = kratzen". Was wir heute unter Graffiti verstehen, entstand Anfang der 70er Jahre in New York. Ein Schüler begann, seinen Spitznamen überall hinzukritzeln. Er fand viele Nachahmer. Ab 1973 wurden aus den Filzstiften dann Sprühdosen, weil diese großflächiger und schneller einzusetzen waren. Erst zu Anfang der 80er-Jahre schwappte die Graffiti-Welle aus den USA nach Deutschland herüber.

Jugendkultur

Graffiti bildet zusammen mit Rap, Breakdance und Dj-ing den Hip-Hop, der Jugendliche vor allem in den USA und Europa entscheidend beeinflusst. Innerhalb dieser Szene herrscht ein tolerantes Miteinander, das auf gegenseitigem Respekt beruht.

Style

Sprayer tragen mit Vorliebe dunkle Kapuzenpullis. Ursprünglich hatte diese Kleidung den Vorteil beim Sprayen nicht so aufzufallen und notfalls das Gesicht unter der Kapuze verbergen zu können. Außerdem halten Kapuzenpullis die Sprayer bei ihren meist nächtlichen Touren warm. Auch der sogenannte „Baggie-Style" stammt

aus der Sprayer-Szene: In den USA wurde Schwerverbrechern, den sogenannten „Baggies", der Gürtel weggenommen, damit sie sich in ihrer Zelle nicht aufhängen konnten. So entstand die Mode, weite Hosen über Boxershorts ohne Gürtel zu tragen.

Slang

Sprayer benutzen ihre eigene Sprache, vor allem, wenn sie über das Sprayen reden. Die meisten Ausdrücke stammen aus dem New Yorker Ghetto-Slang und sind deswegen englisch.

© Verlag an der Ruhr • Postfach 10 22 51 • 45422 Mülheim an der Ruhr • www.verlagruhr.de

Ganz wie zu Hause? – Das Benehmen in der Öffentlichkeit

Graffiti ist mit verschiedenen Problemen verbunden:

Zum einen ist es eine Kunstform, die besonders „groß und für alle gut sichtbar" sein will. Deshalb benutzen Sprayer gewöhnlich zentrale freie Flächen oder Züge und Busse, um sich darauf zu verewigen. Werden sie dabei erwischt, folgt eine Anzeige wegen Sachbeschädigung. Ein weiteres Problem sind die hohen Kosten für teure Sprühdosen, für die Sprayer teilweise Ladendiebstähle begehen. Viele Sprayer sind wegen der ganzen Strafgelder bereits in jungen Jahren hoch verschuldet.

Andererseits kostet es Städte sehr viel Geld öffentliche Flächen von Graffitis zu reinigen. Und Hausbesitzer zahlen die Reinigungskosten sogar aus eigener Tasche, falls der betreffende Sprayer nicht gefasst wird. Ihr Ärger ist dann verständlich.

Durch illegales Sprühen werden Jugendliche also schnell zu Kriminellen.

■ *Haltet ihr Graffiti für Kunst oder für sinnlose Schmiererei? Begründet eure Meinung.*

■ *Was hat Graffiti mit gutem Benehmen und Respekt zu tun?*

■ *Könnt ihr den Ärger der Städte oder privater Hausbesitzer nachvollziehen, wenn Graffitis plötzlich Hauswände, Busse oder Bahnen „verzieren"?*

■ *Wo sollten Graffitis erlaubt sein, wo nicht?*

Mögliche Alternativen für Sprayer:

Gute Sprayer können manchmal ganz legal arbeiten. Sie bekommen Aufträge für Werbungen, Dekorationen oder Raumgestaltungen und verdienen dadurch sogar Geld. Langsam reagieren auch verschiedene Städte und nutzen das Können einiger Sprayer, um bestimmte Objekte zu verschönern.

Ein Beispiel:

Graffitis gegen Graffitis

Hagen-Hohenlimburg (aus der Hohenlimburger Zeitung vom 28. 04. 01):

Eine für ca. 10.000 DM frisch renovierte Fußgängerunterführung in Nähe des Hohenlimburger Bahnhofs ist der Schauplatz des Geschehens: Hier ist an den Wänden ein großes Graffiti entstanden – im Auftrag der Deutschen Bundesbahn Service AG.

Das zuständige Bahnhof-Management Hagen hatte sich aus diesem Grund mit einer professionellen Graffiti-Agentur in Verbindung gesetzt, die für diese Arbeit vier Sprayer aus der näheren Umgebung beauftragt hat.

Ein Foto des fertigen Graffiti sowie die komplette Zeitungsmeldung findest du im Internet unter: www.graffiti-galerie.de; Link: Auftragsarbeiten. Dort kannst du auch nachlesen, dass das Kunstwerk bei den Bahngästen überwiegend gut ankommt.

■ *Was denkt ihr über die Idee der Deutschen Bahn, Graffiti-Künstler für die Umgestaltung einer Fußgängerunterführung zu engagieren? Was erhoffen sich die Verantwortlichen von diesem Projekt?*

■ *Kennt ihr noch andere Maßnahmen (z.B. aus eurer Stadt) legales Sprayen zu fördern? Informiert euch bei eurer Stadtverwaltung .*

■ *Was ihr noch machen könnt:*
• *Falls ihr einen Sprayer kennt, ladet ihn zu euch ein und befragt ihn zu dem Thema.*
• *Fotografiert Graffitis und macht mit diesen Fotos eine Ausstellung.*

Höflichkeit ist Respekt

Westdeutsche Allgemeine Zeitung, 29.10.2001

Adolph von Knigge wusste noch nichts von Handys oder E-Mails

Benimm-Regeln wandeln sich wie die Gesellschaft - Höflichkeit ist Respekt

Von Bettina Kutzner

[Zeitungsausschnitt mit unleserlichem Text]

Wenn wir von einem Menschen sagen, er sei höflich, meinen wir damit meistens, dass er gute Umgangsformen besitzt. Diese Definition von „Höflichkeit" trifft die ursprüngliche Bedeutung dieses Begriffs genau. Denn Höflichkeit war früher zunächst nichts anderes als ein äußerer „Schliff", den sich Menschen zulegten, um sich von anderen abzugrenzen.

Entstanden ist das Wort im **Mittelalter**. Damals wollten die Menschen am „Hofe" ihre **feine Lebensart**, das „hoveliche" Leben, von den gewöhnlichen Menschen abgrenzen – daher der Begriff „Höflichkeit". Der sehr spezielle Umgang, den sie bei Hofe miteinander pflegten, sollte den rauhen, ungehobelten Kern eines Menschen hinter einer schönen Oberfläche verschwinden lassen. – **Höfische Umgangsformen** verliehen den mittelalterlichen **Adligen** einen äußeren Schliff, den die einfachen Menschen nicht hatten. Die benahmen sich untereinander einfach so, wie sie es selbst für richtig hielten.

Später wurde genau diese **Abgrenzung** zwischen Arm und Reich, Adlig und Bürgerlich bemängelt. Freiherr von Knigge – selbst ein Adliger – versuchte mit seinem Buch *„Über den Umgang mit Menschen"* (s.S. 30) diese Kluft zu überbrücken.

Dabei ging es ihm nicht nur um einen **guten Umgang** der Menschen untereinander, sondern vor allem auch um Politik: Die bürgerlichen, d.h. nicht-adligen Menschen sollten gute Umgangsformen beherrschen, um dem höher gestellten Adel nicht mehr unterlegen zu sein.

Heute bedeutet Höflichkeit aber weit mehr als nur gute Tischsitten oder Begrüßungs- und Verabschiedungsrituale zu beherrschen. Zur Höflichkeit gehören auch noch die Gründe, aus denen man sich anderen gegenüber gut benimmt. Mit anderen Worten: Während **Respekt** vor anderen Menschen eine innere Einstellung ist und **gutes Benehmen** eine rein äußere Erscheinungsform, ist **Höflichkeit** eine Kombination aus beidem. Ein höflicher Mensch verhält sich anderen gegenüber also nicht nur höflich, weil er es nun mal so gelernt hat, sondern weil er seinen Mitmenschen eine ihm selbstverständliche Achtung entgegenbringt. Höflichkeit bedeutet nicht, sein eigenes Ich zugunsten anderer Menschen aufzugeben und sich ihren Erwartungen vollkommen unterzuordnen. Die Kunst der Höflichkeit ist der Drahtseilakt zwischen den Erwartungen der anderen und den eigenen Interessen die Balance zu halten – sich also selbst treu zu bleiben, ohne

dabei seine Mitmenschen ständig vor den Kopf zu stoßen:

„... Die „echte" Höflichkeit ist auf einem schmalen Grat angesiedelt: zwischen Egoismus und Altruismus, zwischen Natürlichkeit und Künstlichkeit, zwischen Nähe und Distanz, zwischen Herz und Kopf, zwischen Grobheit und Schmeichelei, zwischen Aufrichtigkeit und Lüge. Höflichkeit ist eine säkularisierte Nächstenliebe, in der Herz und Vernunft versöhnt sind. [...] Höflichkeit ist [...] der kürzeste Weg zum Ziel."

(aus: Annemarie von der Groeben: Höflichkeit. Eine vernachlässigte Tugend? in: Pädagogik, 5/Mai 2000, S. 6–9)

- ■ *Was bedeutete „Höflichkeit" im Mittelalter, was verstehen wir heute darunter? Wie hat sich die Bedeutung des Begriffes verändert?*

- ■ *Was hat Höflichkeit mit Respekt zu tun?*

- ■ *Braucht man Höflichkeit überhaupt? Reicht es nicht, den anderen nicht zu schädigen oder ihn einfach in Ruhe zu lassen?*

Höflichkeit: Meinungen und Aphorismen

„Höflichkeit ist eine Zier,
doch weiter kommst du ohne ihr.“

(altes Sprichwort)

■ Beschreibe mit eigenen
Worten den Inhalt dieser
Aussagen.
Stimmst du mit den hier
dargestellten Meinungen
überein?

„Es ist keine Höflichkeit, dem
Lahmen den Stock tragen zu wollen.“

Arthur Schnitzler, 1862–1931, Schriftsteller und Dichter

■ Was meinen Arthur Schnitzler
und Jean Gabin mit ihrer
Beschreibung von „Höflichkeit"? Finde Alltagsbeispiele,
die Gabins und Schnitzlers
Einstellung belegen bzw.
widerlegen.

■ Was verstehst du unter
„Höflichkeit"?
Beschreibe in zwei bis drei
Sätzen, woran man einen
höflichen Menschen erkennt.

„Höflichkeit ist der Versuch,
Menschenkenntnis durch gute
Manieren zu mildern.“

Jean Gabin, 1904–1976, Schauspieler

„Höflichkeit ist Klugheit,
folglich ist Unhöflichkeit Dummheit.“

Arthur Schopenhauer, 1788–1860, Schriftsteller und Philosoph

„Das Leben ist kurz, aber man
hat immer Zeit für Höflichkeit.“

Ralph Waldo Emerson, 1803–1882, Schriftsteller und Philosoph

Höflichkeit
und gutes Benehmen © Verlag an der Ruhr • Postfach 10 22 51 • 45422 Mülheim an der Ruhr • www.verlagruhr.de

Eine Parabel über die Höflichkeit

Info:

„Parabel" ...

... nennt man eine Textart mit besonderen Merkmalen. Der Name stammt von dem griechischen Begriff „parabole" und bedeutet übersetzt „Gleichnis", „Vergleichung".

Definition

Parabeln sind lehrhafte Erzählungen, die eine allgemeine, meist sittliche Wahrheit oder Erkenntnis durch einen Vergleich mit einem ganz anderen Thema verdeutlichen.

Arthur Schopenhauer:

Die Stachelschweine

Eine Gesellschaft Stachelschweine drängte sich an einem kalten Wintertage recht nahe zusammen, um durch die gegenseitige Wärme sich vor dem Erfrieren zu schützen.

Jedoch bald empfanden sie die gegenseitigen Stacheln; welches sie dann wieder voneinander entfernte.

Wann nun das Bedürfnis der Erwärmung sie wieder näher zusammenbrachte, wiederholte sich jenes zweite Übel, so dass sie zwischen beiden Leiden hin- und hergeworfen wurden, bis sie eine mäßige Entfernung voneinander herausgefunden hatten, in der sie es am besten aushalten konnten. –

So treibt das Bedürfnis der Gesellschaft, aus der Leere und Monotonie des eigenen Inneren entsprungen, die Menschen zueinander; aber ihre vielen widerwärtigen Eigenschaften und unerträglichen Fehler stoßen sie wieder voneinander ab.

Die mittlere Entfernung, die sie endlich herausfinden und bei welcher ein Beisammensein bestehen kann, ist die Höflichkeit und feine Sitte. Dem, der sich nicht in dieser Entfernung hält, ruft man in England zu: „Keep your distance!" (Wahre deinen Abstand!) – Vermöge derselben wird zwar das Bedürfnis gegenseitiger Erwärmung nur unvollkommen befriedigt, dafür aber der Stich der Stacheln nicht empfunden. [...]

■ *Erkläre, wie diese Parabel zu verstehen ist.*

■ *Schreibe in einem Satz auf, was Schopenhauer unter Höflichkeit versteht:*

_____

_____

_____

■ *Ein Zitat des französischen Schauspielers Maurice Chevalier (1888–1972) lautet: „Höflichkeit ist der Sicherheitsabstand, den vernünftige Menschen einhalten."*

■ *Was meint Chevalier, wenn er von einem Sicherheitsabstand zwischen Menschen spricht? Warum hat er statt „Abstand" den Begriff „Sicherheitsabstand" gewählt?*

■ *Vergleiche diese Aussage mit Schopenhauers Parabel. Wie beschreibt Schopenhauer diesen Sicherheitsabstand?*

■ *Stimmst du der Meinung zu, dass Höflichkeit bedeutet, anderen Menschen gegenüber einen gewissen Abstand zu bewahren?*

Goethes Gedanken und Max Frischs Kritik

Auch **Johann Wolfgang von Goethe** hat sich Gedanken darüber gemacht, was genau Höflichkeit eigentlich ist. In seinen „Wahlverwandtschaften" lässt er die Figur Ottilie in ihr Tagebuch schreiben:

> „Es gibt kein äußeres Zeichen der Höflichkeit, das nicht einen tiefen sittlichen Grund hätte. Die rechte Erziehung wäre, welche dieses Zeichen und den Grund zugleich überlieferte. (...) Es gibt eine Höflichkeit des Herzens, sie ist der Liebe verwandt. Aus ihr entspringt die bequemste Höflichkeit des äußern Betragens."
>
> (aus: Wahlverwandtschaften II,5)

■ *Jedes äußere Betragen soll einen tiefen sittlichen Grund haben.*
Welche Gründe könnten das sein? Verdeutliche diese Aussage anhand konkreter Beispiele.

■ *Goethe vergleicht hier Höflichkeit mit Liebe. Welche Form von Liebe ist damit gemeint?*

■ *Was verrät dieser Vergleich über Goethes Einstellung zur Höflichkeit?*

■ *Nach Goethe ist das äußere Betragen die „bequemste" Form von Höflichkeit. Würdest auch du „gutes Benehmen" als bequem bezeichnen?*

Der Schriftsteller **Max Frisch** nimmt in seiner Definition von Höflichkeit genau auf diese Aussage Goethes Bezug:

> „Wenn ich meinen Nachbarn einen Hornochsen schimpfe, dann hilft ihm diese „Wahrhaftigkeit" ebenso wenig wie ein verlogenes Kompliment. „Echte" Höflichkeit wird also daran erkennbar, dass sie dem anderen hilft: „Wohl hält man ihm die Wahrheit hin, aber so, dass er hineinschlüpfen kann." Das aber ist ein Ausdruck von Menschenliebe: „Der Weise, der wirklich Höfliche, ist stets ein Liebender."
>
> (aus: Max Frisch: Tagebuch)

■ *Vergleiche Goethes und Frischs Definition von Höflichkeit.*

■ *Was darf Höflichkeit nach Frisch auf keinen Fall sein, was dagegen ist ihre vorrangige Aufgabe?*

Woraus besteht Höflichkeit?

Was Unhöflichkeit angeht, sind Menschen unterschiedlich belastbar: Einige vergessen kleinere Unhöflichkeiten ihrer Mitmenschen schnell, andere tragen es ihnen ein Leben lang nach und reden möglicherweise nicht mehr mit den Betreffenden. Trotzdem erwarten alle von ihren Mitmenschen ein gewisses „Mindestmaß" an Höflichkeit. Ob das jemand erfüllt, kann man im Alltag sehr schnell feststellen.

- *Überlege, was du von einem höflichen Menschen erwartest.*
  Trage die wichtigsten Merkmale von Höflichkeit in der Tabelle zusammen und beschreibe sie kurz.

- *Führe dann mithilfe der Tabelle einen Selbsttest durch. Versuche, dich selbst so kritisch wie möglich einzuschätzen und kreuze in der Tabelle an, wie gut du die einzelnen Eigenschaften erfüllst.*

Übrigens:

Kein Mensch ist vollkommen. Sich selbst Schwächen einzugestehen heißt nicht, dass man deshalb einen schlechten Charakter hat – oft ist sogar das Gegenteil der Fall: Wer sich selbst realistisch einschätzen kann und weiß, worin er gut oder schlecht ist, hat auch die Möglichkeit, an sich zu arbeiten.

Eigenschaften eines höflichen Menschen

Eigenschaft	Merkmal dieser Eigenschaft	-2	-1	0	1	2
Hilfsbereitschaft	*Ich biete anderen Menschen meine Hilfe auch unaufgefordert an, weil ich ihnen gerne einen Gefallen tue.*					
Anpassungsbereitschaft	*In unterschiedlichen Umfeldern verhalte ich mich jeweils so, dass ich nicht unangenehm auffalle.*					
Zuverlässigkeit	*Ich stehe zu meinem Wort. Wenn ich etwas versprochen habe, versuche ich das auch einzuhalten.*					
Aufmerksamkeit	*Ich beobachte andere Menschen genau und merke schnell, wenn sie meine Hilfe brauchen.*					

Höflichkeit
und gutes Benehmen

© Verlag an der Ruhr • Postfach 10 22 51 • 45422 Mülheim an der Ruhr • www.verlagruhr.de

82 Millionen Könige von Deutschland?

Der 1996 verstorbene Musiker und Texter **Rio Reiser** schrieb das Lied „König von Deutschland" zehn Jahre vor seinem Tod. Er überlegt darin, was er alles für sich selbst und für Deutschland verändern würde, wenn er Deutschlands „König" wäre.

> „Jede Nacht um halb eins
> wenn das Fernsehen rauscht
> Leg ich mich aufs Bett
> und mal' mir aus
> Wie es wäre wenn ich nicht der wäre der ich bin
> Sondern Kanzler Kaiser König oder Königin
> (…)"

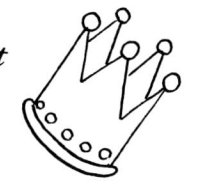

■ **Besorgt euch das Lied und hört es gemeinsam an.** (Den vollständigen Text gibt es z.B. im Internet unter **www.riolyrics.de**, besser wäre aber natürlich, auch die Musik dazu zu haben.)

■ **Einige Wünsche in dem Lied sind nicht mehr ganz zeitgemäß, andere sind immer noch aktuell. Welche Wünsche könnt ihr nachvollziehen und warum?**

■ **Stellt euch vor, ihr wäret „Könige von Deutschland". Was würdet ihr euch dann wünschen**
  • für euch privat?
  • für Deutschland?

■ **Erfindet eigene Strophen für dieses Lied mit euren persönlichen Vorstellungen.** (Wenn ihr als Songschreiber Schwierigkeiten habt, könnt ihr eure Ideen auch auflisten.)

■ **Vergleicht anschließend eure Wünsche. Hattet ihr ähnliche?**

■ **Erkundigt euch, welche Wünsche andere Menschen hätten, z.B. eure Eltern, Großeltern, Geschwister, andere Freunde oder euer Lehrer!**

■ **Wie lassen sich all diese verschiedenen Wünsche miteinander vereinbaren? Stehen sich manche davon gegenseitig im Weg?**

■ **Wer oder was regelt, dass sich solche Wünsche und Vorstellungen nicht in die Quere kommen**
  • zwischen einzelnen Menschen
  • zwischen Bevölkerungsgruppen
  • im ganzen Land?

■ **Wir leben in einer demokratischen Gesellschaftsordnung. Was bedeutet es für jeden einzelnen Menschen genau, in einer Demokratie zu leben? Ihr könnt z.B. den Begriff „Demokratie" einfach im Internet in eine beliebige Suchmaschine eingeben oder ihn in einem Lexikon nachschlagen.**

Höflichkeit *und gutes Benehmen* © Verlag an der Ruhr • Postfach 10 22 51 • 45422 Mülheim an der Ruhr • www.verlagruhr.de

Unterschiedliche Ordnungen in der Gesellschaft

■ *Die Demokratie ist nur eine mögliche Gesell-*
schaftsordnung. Welche anderen kennt ihr
noch?

> ....

■ *Informiert euch z.B. in einem Lexikon zu folgen-*
den Fragen:

• *Wie ist die Gesellschaft organisiert? Wie ist das*
Verhältnis zwischen Regierung und Bürgern?

> **Demokratie**

> ....

• *Welche der Gesellschaftsformen wird eurer Mei-*
nung nach den Bedürfnissen welcher Gruppen
von Bürgern am ehesten gerecht und warum?
(Welche Bedürfnisse haben Menschen?/Was
nützt wem?)

■ *Kann es eine Gesellschaftsordnung geben, die*
allen Bedürfnissen aller Bürger gerecht wird?
Wenn ja: Wie sieht sie aus?
Wenn nein: Warum nicht?

Höflichkeit
und gutes Benehmen   © Verlag an der Ruhr • Postfach 10 22 51 • 45422 Mülheim an der Ruhr • www.verlagruhr.de

Auf den vorangegangenen Seiten wurden die drei zentralen Begriffe „Respekt", „gutes Benehmen" und „Höflichkeit" eingehend untersucht und mit Inhalten gefüllt. Immer ging es dabei um menschliches Zusammenleben im privaten Bereich.
Offen bleibt die Frage, welchen Einfluss diese drei Begriff auf das Zusammenleben einer ganzen Gesellschaft haben oder umgekehrt:

Welche Gesellschaftsform wird ihrer Umsetzung im Alltag am ehesten gerecht?

■ *Erklärt das Diagramm:*
• *Wie ist das Leben der einzelnen Menschen gesellschaftlich organisiert?*
• *Welche Bedeutung haben die politischen/sozialen Regeln für das gesellschaftliche Leben?*

■ *Nennt Beispiele für*
• *gesellschaftliche Gruppen*
• *politische/soziale Regeln*

Schema: Was regelt unser Zusammenleben?

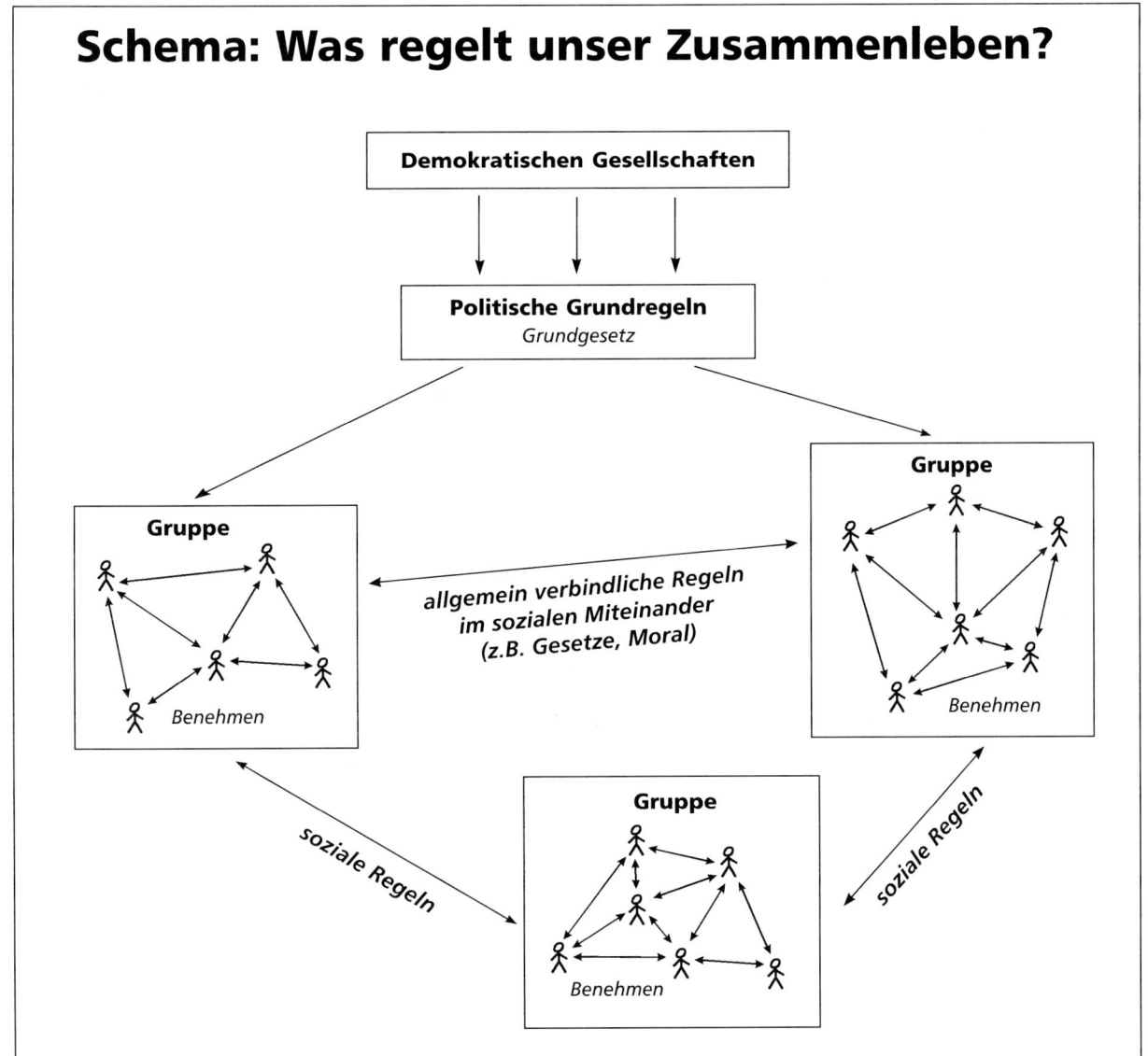

Höflichkeit
und gutes Benehmen

© Verlag an der Ruhr • Postfach 10 22 51 • 45422 Mülheim an der Ruhr • www.verlagruhr.de

Bundesverband der deutschen Standesbeamten e.V. (Hrsg.): **Hausbuch für die deutsche Familie.** Verlag für Standesamtwesen, Frankfurt a. M., 1950.

Cramm, Dagmar von: **Kinder-Knigge. Höflichkeit, Rücksichtnahme, Tischmanieren. So lernen Kinder gute Umgangsformen.** Ullstein, München, 2001.

Della Casa, Giovanni: **Der Galateo. Traktat über die guten Sitten.** Manutius Verlag, Heidelberg, 2. Auflg.,1995.

Deutsches Rotes Kreuz: **Respekt!** (Kurzfilm zur Jugendrotkreuz-Kampagne „Bleib Cool ohne Gewalt!") Zu bestellen unter: Deutsches Rotes Kreuz, Generalsekretariat Jugendrotkreuz Carstennstr. 58 12205 Berlin

Fritzsche, Yvonne: **Wie höflich sind Japaner wirklich? Höflichkeitserwartungen in der japanischen Alltagskommunikation.** Judicum, 1998.

Goethe, Johann Wolfgang von: **Von der Höflichkeit des Herzens Und andere Gedanken.** Diogenes, Zürich, 1999.

Heine, Peter: **Kulturknigge für Nichtmuslime. Ein Ratgeber für den Alltag.** Herder, Freiburg im Breisgau, 2001.

Knigge, Adolph, Freiherr von: **Über den Umgang mit Menschen.** Verlag Phillipp Reclam jun., Stuttgart, 1991.

Koran. Der heilige Qur-ân. Hrsg: Hazrat Mirza Tahir Ahmad. Verlag Der Islam, 1996.

Loh, Hannes/Verlan, Sascha: **HipHop Sprechgesang: Raplyriker und Reimkrieger.Ein Arbeitsbuch.** Verlag an der Ruhr, Mülheim a. d. Ruhr, 2001.

Meiser, Hans Christian: **Über den Umgang mit Knigge. Diagnose: Anarchist.** Eichborn, Frankfurt a. M., 1995.

Miehl, Melanie: **99 Fragen zum Islam.** Gütersloher Verlagshaus, Gütersloh, 2001.

Richter, Gert (Hrsg.): **Belehrendes und erbauliches Lexicon der Sittsamkeit von A bis Z.** Bertelsmann Lexikon-Verlag, Gütersloh, 1974.

Rohe, Mathias: **Der Islam – Alltagskonflikte und Lösungen. Rechtliche Perspektiven.** Verlag Herder, Freiburg im Breisgau, 2001.

Savater, Fernando: **Ethik für Erwachsene von morgen.** Bundeszentrale für politische Bildung, Bonn, 1996.

Schönfeldt, Sybil, Gräfin: **1x1 des guten Tons. Das neue Benimmbuch.** Rowohlt Verlag, Reinbek bei Hamburg, 1991.

Stäblein, Ruthard (Hrsg.): **Höflichkeit. Tugend oder schöner Schein.** Elster Verlag, Bühl-Moos, 1993.

Stephan, Cora: **Neue deutsche Etikette.** Rowohlt TB, Reinbek, 1996.

Sucher, C. Bernd: **Hummer, Handkuss, Höflichkeit. Das Handbuch des guten Benehmens.** dtv, Frankfurt a. M., 1996.

Wolff, Inge: **Moderne Umgangsformen.** Falken-Verlag, Niedernhausen, 1995.

Rumohr, Carl. F. (Hrsg.): **Schule der Höflichkeit für Alt und Jung.** Originalgetreues Faksimile der zweibändigen Erstausgabe, erschienen 1834/1835. Klett-Cotta, Stuttgart, 1982.

© Verlag an der Ruhr • Postfach 10 22 51 • 45422 Mülheim an der Ruhr • www.verlagruhr.de

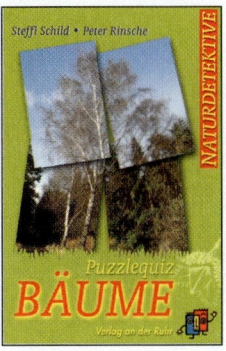

Naturdetektive

Puzzlequiz: Bäume

Steffi Schild, Peter Rinsche

Ab 8 J., 72 Bildkarten
mit Anleitung, Pappbox
ISBN 3-86072-583-1
Best.-Nr. 2583
12,80 € (D)/13,15 € (A)/22,40 CHF

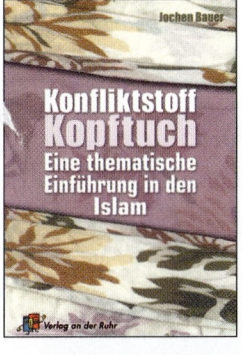

Konfliktstoff Kopftuch

Eine thematische Einführung in den Islam

Jochen Bauer

Ab Kl. 9, 130 S., A4, Pb.
ISBN 3-86072-614-5
Best.-Nr. 2614
18,60 € (D)/19,15 € (A)/32,60 CHF

HipHop

*Sprechgesang: Raplyriker und Reimkrieger –
Ein Arbeitsbuch*

Hannes Loh, Sascha Verlan

Ab Kl. 7, 128 S., 16 x 23 cm, Pb.
ISBN 3-86072-554-8
Best.-Nr. 2554
12,80 € (D)/13,15 € (A)/22,40 CHF

Das Fitness-Studio in der Turnhalle

**Eilert Deddens,
Ralf Duwenbeck**

Kl. 10–13, 85 S., A4, Pb.
ISBN 3-86072-732-X
Best.-Nr. 2732
19,50 € (D)/20,– € (A)/34,20 CHF

Biologie einfach anschaulich

*Begreifbare Biologie-
modelle zum Selberbauen
mit einfachen Mitteln*

Hans Schmidt, Andy Byers

Kl. 4–9, 176 S., A4-quer, Pb.
ISBN 3-86072-235-2
Best.-Nr. 2235
19,60 € (D)/20,15 € (A)/34,30 CHF

Kunst für ganz Schnelle

*Ideen und Anschluss-
projekte für 2–4 Stunden*

Gerlinde Blahak

Kl. 5–13, 92 S., 16 x 23 cm, Pb.,
vierfarbige Fotos
ISBN 3-86072-659-5
Best.-Nr. 2659
14,80 € (D)/15,20 € (A)/25,90 CHF

„In Auschwitz wurde niemand vergast."

*60 rechtsradikale Lügen
und wie man sie widerlegt*

Markus Tiedemann

Ab 13 J., 184 S., 16 x 23 cm, Pb.
ISBN 3-86072-275-1
Best.-Nr. 2275
12,80 € (D)/13,15 € (A)/22,40 CHF

„Ausländer nehmen uns die Arbeitsplätze weg"

*Rechtsradikale Propaganda
und wie man sie widerlegt*

**Jonas Lanig,
Wilfried Stascheit (Hg.)**

Ab 13 J., 250 S., 16 x 23 cm, Pb.
ISBN 3-86072-394-4
Best.-Nr. 2394
13,80 € (D)/14,20 € (A)/24,20 CHF

Miteinander klarkommen

*Toleranz, Respekt und
Kooperation trainieren*
Dianne Schilling

Ab 10 J., 133 S., A4, Pb.
ISBN 3-86072-551-3
Best.-Nr. 2551
18,60 € (D)/19,15 € (A)/32,60 CHF

Gefühle spielen immer mit

*Mit Emotionen klarkommen
Ein Übungsbuch*
Terri Akin u.a.

Ab 10 J., 95 S., A4, Pb.
ISBN 3-86072-553-X
Best.-Nr. 2553
17,– € (D)/17,50 € (A)/29,80 CHF

Selbstvertrauen und soziale Kompetenz

*Übungen, Aktivitäten und
Spiele für Kids ab 10*
Terri Akin u.a.

Ab 10 J., 206 S., A4, Pb.
ISBN 3-86072-552-1
Best.-Nr. 2552
23,– € (D)/23,65 € (A)/40,30 CHF

Zusammen kann ich das

Effektive Teamarbeit lernen
Susan Finney

Ab 10 J., 196 S., A4, Pb.
ISBN 3-86072-499-1
Best.-Nr. 2499
21,50 € (D)/22,10 € (A)/37,70 CHF

Verlag an der Ruhr · Postfach 10 22 51 · D–45422 Mülheim an der Ruhr
Tel.: 0208/495040 · Fax: 0208/4950495 · E-Mail: info@verlagruhr.de · http://www.verlagruhr.de

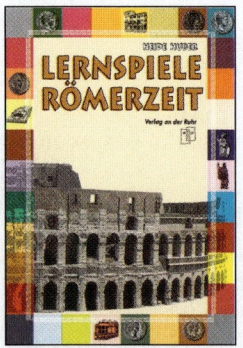

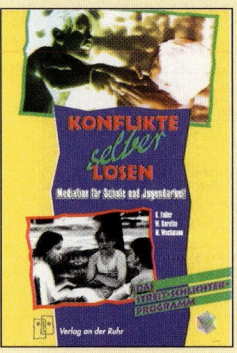

Verlag an der Ruhr · Postfach 10 22 51 · D–45422 Mülheim an der Ruhr ·
Tel.: 0208/495040 · Fax: 0208/495 0495 · E-Mail: info@verlagruhr.de · http://www.verlagruhr.de